SHODENSHA
SHINSHO

観光公害

――インバウンド4000万人時代の副作用

佐滝剛弘

祥伝社新書

はじめに

観光客が溢《あふ》れる京都

京都に住むようになって一年になる。世界遺産や文化財、観光全般に関心のある私にとって、わが国有数の歴史観光都市京都で暮らす一瞬一瞬は、一言では言い表わせないほど豊かな至福の時間の連続だ。実際、京都に居を構えてみると、時折旅人として京都に降り立っていたときとは違ったものが見えてくる。

季節の移り変わりを告げる行事や風情《ふぜい》が色濃く残るのも、市民として暮らして初めて体感できる京都の良さだ。節分といえば、都市に住む多くの人にとっては、スーパーマーケットやコンビニの戦略に乗せられたように、恵方巻《えほうまき》を買ってまるで修行の一環のように黙々と食べる日になってしまったが、京都の寺社では至る所で鬼を追い払う本来の「節分会《え》」が行なわれ、洛中《らくちゆう》をちょっと歩けば、〝本物〟の鬼に幾度となく出会う。寺社の境内や老舗《しにせ》の店頭では、節分の日にしか販売されない様々なお菓子が春の訪れを告げていて、つい財布のひもが緩《ゆる》んでしまう。

そんな市民の一人として京洛《きようらく》のあちこちを駆けまわる日々で感じることの一つに、圧倒的な観光客、とりわけ外国人観光客を見かける頻度の高さがある。京都駅や有名寺社で遭遇するのはもちろんのこと、地元民でも知らないようなマイナーな寺社や観光地から離れた飲食店でも、観光客と思《おぼ》しき外国人に出会う機会は数知れない。

町家《まちや》が並ぶ中心街の狭い通りにいつのまにかプチホテルや民泊《みんぱく》の施設を発見するのは日常茶飯事だし、ホテルといえば、ＪＲ京都駅の南側に当たる八条《はちじよう》口に降り立つと、建設中のホテルから伸びるクレーンが林立するのが見える。二〇一九年だけでも、このエリアに八棟ものホテルが開業すると言われている。

地下鉄や私鉄、ＪＲの路線が東京や大阪ほど発達していない京都では、市バスが市民の主要な足となっていて、私もよく利用する。私が勤める大学でも市バスで通学する学生は少なくないが、溢れる観光客の影響で、バスの遅延やバス停の通過も観光シーズンにはごくありふれた光景になった。学生から「バスが二台続けて満員で、バス停を通過してしまって遅刻しました！」と言われれば、教員としても怒りづらい。市民の足であるはずの市営バスは、地元の買い物客や通勤・通学者といった生活者を目的地に運ぶという本来の役割を果たせなくなりつつあるのだ。

「オーバーツーリズム」

こうした状況は、観光学の世界では「オーバーツーリズム」と呼ばれ、持続可能な観光に大きなマイナスとなっている。また、もう少しインパクトのある言葉で、観光客の急増により市民生活に悪影響を及ぼすことをメディアなどで「観光公害」と呼ぶことがある。こうした事象に「公害」という言葉を安易に使うのは、本来の公害の被害に遭《あ》われた方々のことを考えると個人的にはあまり好きではないが、その問題のインパクトの強さを示すのに一定の役割を果たしているので、本書のタイトルにこの言葉を使うことにした。そして、この「観光公害」は、京都のみならず日本の観光地の多くに見られる現象であるばかりでなく、海外でも大きな問題となっている。

後ほど詳しく触れるが、世界は今や「大観光時代」の到来を迎えている。発展途上国の経済成長により、これまで旅行できなかった人が飛行機や長距離列車にたやすく乗れるようになったこと、格安航空会社（ＬＣＣ）の伸長や安価なクルーズ船の増加など移動に関する費用が相対的に下がっていること、各国が観光に力を入れるため入国ビザの要件を緩《かん》和《わ》しつつあることなどが相まって、世界的に観光客数は大きく増加している。予想以上に観光客が増えたり、受け入れ態勢が不十分だったり、文化や習慣の違いなどによる観光客と市民の軋轢《あつれき》が生じたりして、観光客の増加が市民生活を脅《おびや》かす状況は、いまや世界中で起きていると言ってもよい。

観光と生活の折り合い

二〇一八年九月、私はオーバーツーリズムの実態を調査するため、スペイン東部のカタルーニャ地方とバレアレス諸島を訪れた。スペインは今や国際観光客数がフランスに次いで世界第二位の観光大国で、急激な観光客の増加が多くの歪《ゆが》みをもたらしている典型例と言われている。カタルーニャ地方の中心バルセロナや、地中海に浮かぶイビサ島、マヨルカ島では、京都同様、街の中心部の住宅が観光客用の民泊に転用され、それが家賃の高騰をもたらし、住民が街中に住めないという状況が出てきているのを目の当《ま》たりにした。

水の都ヴェネツィアや二〇一七年に世界遺産に登録された中国・福建省《ふっけん》、厦門《アモイ》中心街の対岸に浮かぶコロンス島では、市民の足であり観光客の足でもある船の乗り方について、新たなルールを設けている。

「観光」は、本来、それを受け入れる地域にとっては、恩恵の多いアクティヴィティである。観光客が宿泊や体験、買い物で落とす経済的な効果は計り知れないし、その国や地域の理解につながり、国や地域のファンを増やす。ある国を訪れてそこを好きになってくれることは、抽象的な「友好」や「親善」という言葉を何十回唱えるよりも、はるかに相互理解や平和に資するだろう。観光をする個人にとっても、普段の生活を離れ、異なった文化に身を浸《ひた》す非日常の旅は、心身をリフレッシュする大きな効果をもたらす。

しかしながら、「観光客」は、受け入れ側にとっては「日常」を揺るがす存在にもなる。平穏な日々を送りたい地元の人の生活空間に、羽目《はめ》を外したい異邦人が入り込めば、そこには悪感情や摩擦が生じる。その意味では、「観光」という行為には、内在的に摩擦や軋轢を生みだす要素があるのが当然と見るべきかもしれない。

この論考は、自分自身がいつも旅人として異国の地を彷徨《さまよ》っている「観光」の当事者であり、今では大学で「観光」を教える立場になった研究者であり、観光庁が旗を振るDMO（着地型観光組織、詳しくは後述）の戦略立案の責任者の一人であり、さらには長年ジャーナリストとして世の中で起きていることを噛《か》み砕《くだ》いて伝えることを職業としてきた筆者が、日常生活と観光にどう折り合いをつけるべきかを、国内外の観光地を実際に取材・調査した体験を中心にまとめたものである。

佐滝剛弘《さたきよしひろ》

目次

第二章　「観光公害」とは何か

第三章 日本各地の「オーバーツーリズム」

第四章

「海外の有名観光地」の現実

――「世界三大〝観光公害〟都市」などを現地調査

第五章

観光公害を解決するには
——混雑、騒音、環境破壊……「お客様は神様」とは限らない⁉

第六章　誰のための「観光」か

――「日本版DMO」に身を置いて　243

本文写真／すべて著者撮影

紅葉時の混雑は、著名な寺院だけではない。同じ二〇一八年一一月に嵐山の紅葉名所をいくつか訪ねたが、小倉山の東に広がる常寂光寺《じょうじゃっこうじ》や二尊院《にそんいん》、あるいはその東に下がった地にある宝筐院《ほうきょういん》といった小規模な寺院も、人波に押されるような状況となっている。

また、現在、京都では三〇を超える寺社が紅葉時のライトアップを行なっているが、東寺《とうじ》や高台寺《こうだいじ》などの著名な施設のライトアップにも入場に行列ができ、中の混雑も激しくなっている。風に葉がこすれあう音を聞き分けながら静かに紅や黄色に染まった樹々を愛《め》でるという本来の紅葉の楽しみは、よほどの穴場を探さない限り、京都では味わえなくなっていると言ってよいだろう。

祇園白川《ぎおんしらかわ》のお花見狂騒曲

紅葉と並ぶ京都の季節の風物詩は桜である。近年、日本の「花見」もすっかり外国人旅行客に定着し、桜の開花情報を確認しながら訪日のスケジュールを組む旅行者が現われたり、北上する桜前線を追いかける外国人花見ツアーが催行されたりするなど、日本ならではの観光資源として定着しつつある。京都には桜の名所が目白押しだが、やはり観光客に人気のある東山・祇園界隈の桜の名所は外国人に占拠されている感がある。

そんな中、観光客が殺到しマナーの悪さもあって危険なため、二〇一七年に桜のライトアップが中止されたのが「祇園白川」である。京都の伝統的な町家が連なり、国の重要伝統的建造物群保存地区にも選定されたこの界隈《かいわい》の桜はひときわ美しく、一九九〇年からライトアップが始まった。しかし、二〇一六年には三〇万人もの観光客が殺到、ピーク時には白川沿いの通りが身動きが取れないほど混雑し、車と接触する危険が高まったほか、外国人観光客が道の真ん中を占拠して結婚式の前撮り写真と思われる撮影に興じたり、写真にのめりこむあまり桜の木の根の部分を踏んでしまったり、ひどい場合は一緒に写真を撮るため桜の枝や花を折ったりするなどのマナー違反も相次ぎ、地元住民らで作る実行委員会は一七年のライトアップ中止を決断した。しかし、再開を望む声も強く、二〇一九年三月二九日、警備を強化して三年ぶりにライトアップを復活している。

再開翌日の昼間、この界隈を歩いてみると、そぞろ歩きをする人の八割がたは外国人である。通りには地元の祇園新橋景観づくり協議会が、花見時の禁止事項を知らせる大きなポスターが貼ってあった。「祇園新橋地区での撮影の決め事」として具体的に七つの行為が挙げられている。私有地内へ立ち入っての撮影や三脚やライトスタンドの禁止のほか、「大きな声で撮影ポーズの指示をしないでください」とか「過度な愛情表現は控えてくだ

（上）桜に彩られた祇園白川。もたれてはいけないとされる柵に座って写真を撮る外国人旅行客

（左）日本語と中国語で書かれた「祇園新橋地区での撮影の決め事」。禁止行為が具体的に挙げられている

（どちらも2019年3月）

さい（路上でのキスなど）」といった他ではあまり見かけない細かいお願いが、日本語と中国語簡体字（中国本国で使われる文字）でのみ書かれている。英語が一切ないところを見ると、ほぼ中国人向けに貼られたポスターであることがわかる。

私がいた三〇分ほどの間には、〝過度な愛情表現〟は見られなかったが、やはり禁止事項である「竹垣、欄干《らんかん》、石碑に座ったり、寄りかかったりしないでください」というお願いは完全に無視されていて、多くの外国人観光客が竹垣にもたれかかって写真撮影を楽しんでいた。

〝桜の穴場〟が消えた

二〇一八年の訪日外国人の月別の推移を日本政府観光局のデータで見ると、四月が二九〇万人で、前年の三位からトップに躍り出ている。日本観光の目玉の一つとして「花見」は、間違いなくインバウンドを牽引《けんいん》する重要な資源となっていることが見て取れるし、今後はさらにその動きが加速する勢いだ。日本を代表する花を外国の方も美しいと感じ一緒に愛《め》でられるのは、理想的な国際交流の姿かもしれない。しかし、ただでさえ混雑する花見の人出が、日本のルールに不慣れな外国人が多数加わることで、さらに混乱に拍車をか

レンタル着物で記念撮影をする東南アジアからの女性グループなど、外国人観光客でにぎわう原谷苑（京都市北区）。個人が所有する庭園で「京の桜の隠れ里」と称されたが、今やその面影はない（2018年4月）

け、地元の人が楽しめなくなるとすれば、祇園白川の他の桜の名所でもそのあり方を見直さなくてはいけない事態が生じよう。

もちろん、花見のマナー違反は外国人だけに限ったことではない。外国人は日本のような桜の花見の習慣がない場合が多く、「無知」が故《ゆえ》のマナー違反が大半だが、日本人でも立入禁止のエリアへ入り込んで宴会をしたり、泥酔して他人に迷惑をかけるなど、ルールやマナーをわかったうえで違反しているケースもあって、「花見の狂騒」が必ずしもインバウンドだけによる観光公害とは言いきれない面もあることには留意する必要があろう。近年、東京の花見の名所として急速に人気を高めている目黒川《めぐろがわ》では、狭いエリアに花見客が殺到、私有地に入り込んで飲食をしたり、ごみをその場に捨てる花見客が後を絶たないが、そのほとんどがルールをわかっているはずの日本人だという報道を見ると、観光公害の元凶は外国人だと決めつけてはいけないと痛感させられる。

花見の混雑は、定番の名所だけではない。二〇一八年四月、京都の桜の〝穴場〟と言われる「原谷苑《はらだにえん》」を訪れた。洛北の私有地の斜面に枝垂桜《しだれざくら》が数百本植えられ、近年、枝垂桜を見るならここと言われる人気の場所だが、アクセスはかなり悪い。路線バスがあるにはあるが本数は少なく、金閣寺の近くの「わら天神前」から運行されるシャトルバスが主力の訪問手段となっているほか、タクシーでやってくる観桜客も多い。

入場料は開花状況によって変動し、満開時には一五〇〇円と京都の主要寺院と比べてもかなり高い設定だ。そんな「穴場」も、中に入ってみると、広い苑内とはいえ、人の姿が見えないところはなく、レンタル着物を借りて訪れている東南アジアからの女性グループや、何かの映像加工に使うのかマリオネットを桜の園に置いて操《あやつ》っているところを映像に収めている欧米人など、その喧騒《けんそう》の様子は、かつては隠れ里と言われ知る人ぞ知る名所だったころの面影はない。入口前の狭い駐車場はタクシーの乗降場となっているが、ひっきりなしに客を降ろしては、洛中へ戻る花見客を拾っている。もはや京都に〝穴場〟は存在しないのではないかと思えるほどの盛況ぶりである。

すっかり有名になった「市バス」問題

「京都に住み始めました」と知人に伝えると、「それは羨《うらや》ましい」という反応の次に多いのが、「観光客で市バスが大変なんだって?」という京都市内のバスの混雑ぶりに言及する返答である。様々なメディアで取り上げられただけあって、京都のバス＝混雑・遅延というイメージは、京都以外の一般の人にも浸透してきていることを実感する。

その具体的な「ビジュアル」を手っ取り早く観察するには、大型連休や桜・紅葉シーズンの午前中にJR京都駅烏丸《からすま》口（京都タワーや東西の本願寺《ほんがんじ》がある北側）のD1乗り場を眺めると実感できる。ここからは、清水寺《きよみずでら》・祇園・平安神宮を経由して銀閣寺に向かう一〇〇系統のバスがひっきりなしに発着するが、このバスに乗るために観光客が大行列を作り、混雑時は二本ほど見送らないとバスに乗れない様子が観察できる。しかも、その隣のD2乗り場にも、三十三間堂・清水寺・祇園方面のバスが発着するので、こちらの列がD1の列と重なって、二重の列が延々と歩道を塞《ふさ》ぐこともあり、京都観光に胸躍らせつつ降り立った旅行者の気持ちを萎《な》えさせる。ちなみに、一〇〇系統は、一日の平均利用容数が二〇一七年度で八〇九九人。輸送人員では二〇〇番台の循環系統のほうが多いが、一〇〇円の収入を得るための経費を示す「営業係数」は五三と市バスの全系統の中でトップとなっている。つまり、市バスにとっては超高収益路線が京都駅と銀閣寺を結ぶ路線なのである。

しかし、市民にとってより利用者の迷惑になっているのは、銀閣寺方面から京都駅へ向かう反対方向のバスである。まず、朝は通勤・通学客とホテルをチェックアウトして大きなスーツケースやキャリーバッグを引きずる観光客が集中して、乗降に時間がかかる。そのうえ、もうこれ以上乗せられなければバスは停留所に乗客が待っていても通過せざるを得ない。この方向だと途中で降りる人は少なく、乗客はどんどん増えて、遅延と通過が常態化する。観光を終えた行楽客が京都駅方面へ戻る休日の午後遅い時間の混雑もひどい。この時間は、祇園付近の繁華街の道路の混雑も加わって、バスはいつ京都駅に着くかわからないという事態にたびたび見舞われる。私もこの路線で、余裕をもって指定席を予約していた新幹線に危うく乗り遅れそうになったことがある。

また、バスの混雑の影響を受けているのは市民だけでなく、例えば修学旅行で京都にやってくる学校からも、旅行会社などに「学生たちがバスが混みすぎて乗れなくて、予定通

図表1　京都市営バスの年間乗客数

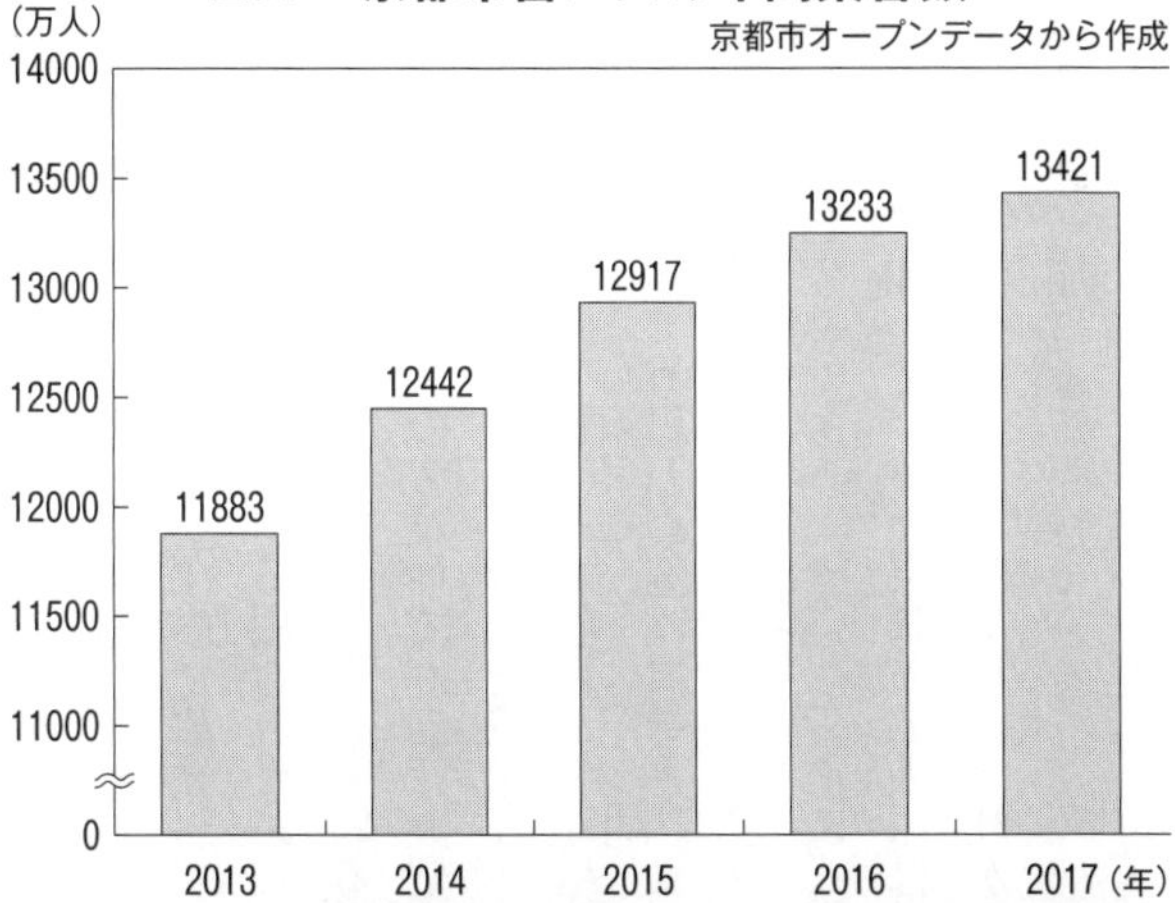

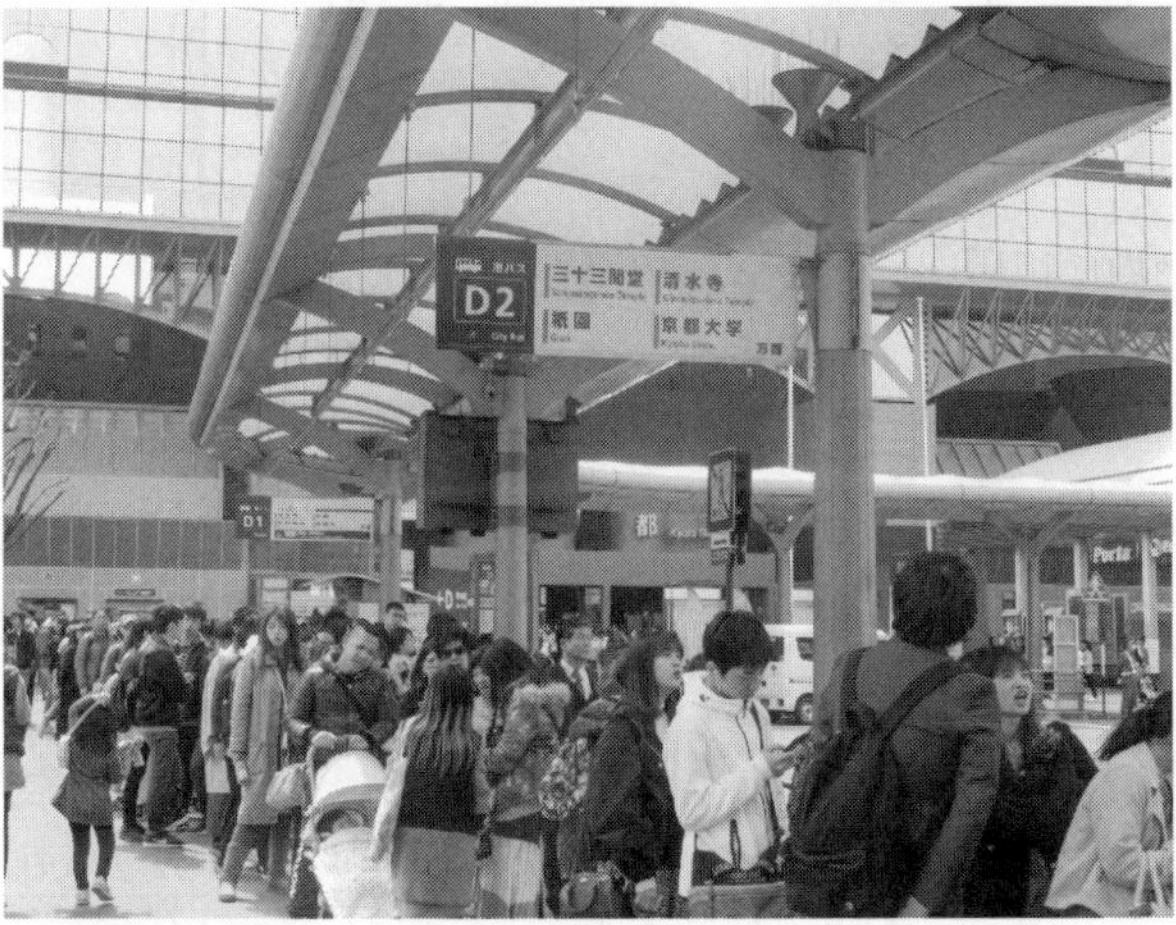

京都駅烏丸口の D1、D2 バス乗り場。利用者の列が二重になって歩道を塞ぐこともある（2019 年 3 月）

り京都を楽しめなかった」との苦情も来ている。当然、旅行者自身も、バスの混雑の影響を大きく受けているわけである。

もちろん、京都のバスがすべて観光客に占拠されているわけではない。混雑するのは観光地やホテル群が沿線にある限られた路線であり、それを避ければ問題はないように見える。しかし、近年その常識を覆《くつがえ》しているのが、民泊や街中に増えている小規模なプチホテル、ゲストハウスの広がりである。大型ホテルは立地している場所が何カ所かに集中しているので、大きな荷物を持った観光客が乗ってくることは予想できるが、民泊などの広がりによって普通の住宅地にも主に外国人観光客が宿泊するようになり、生活路線と考えられているバスでも思わぬ混雑に巻き込まれることがある。

図表1(29ページ)は、二〇一三年から一七年までの五年間の京都市営バスの旅客数の推移を示したものである。二〇一三年に一億一八八三万人であった利用者は、五年で一五三八万人も増加している。京都市の人口は、この間およそ一四七万人でほとんど増減がない。利用者の減少に悩まされるバス会社が多い中、順調に利用客が伸びているのは、まさに観光客の増加による賜物《たまもの》である。

話をバスの課題に戻そう。混雑に拍車をかけているのは、何も荷物だけではない。この項の冒頭で、「市バス」という言葉を使ったが、実は京都市の中心部を走るバスは京都市営バスだけではない。京阪電鉄系の「京都京阪バス」、京福《けいふく》電鉄系で今ではこちらも京阪グループとなっている「京都バス」、そして旧国鉄バスにルーツのある「JR西日本バス」が市街地を縦横に走っている。路線ごとに棲《す》み分けされていればよいが、同じバス停から同じ方向に異なる会社のバスが走るというところはざらにある。

観光客の多くは、市バス一日乗車券などの割安で運転手に見せるだけでよいカード式の乗車券を利用している。ただし、このカードは種類によって乗車可能なバス会社が異なってくる。例えば、京都市交通局の「バス一日券」は、京都市営バスと京都バスの市内均一区間に乗車できるが、京阪京都バスとJRバスには乗れないし、均一区間を外れる高雄《たかお》、大原《おおはら》などへ行く場合も利用できない。日本人でもわかりにくいこの仕組みは、外国人観光客には一層ハードルが高く、利用できないバスの降車時にバス一日券を提示して、「なぜこのカードはダメなのか！」と観光客が乗務員に食って掛かって押し問答になり、バスが発車できないという場面に何度も遭遇している。

バスについては、二〇一八年から一九年にかけて様々な解決への試行が行なわれ始めているので、あらためて第五章で課題を整理したいが、バスにおける市民と観光客の共存は、京都のオーバーツーリズムを象徴する問題と言ってよいだろう。

バスの陰で鉄道も大混雑

京都には、観光地へのアクセス手段として、バスだけでなくもちろん鉄道もある。バスの混雑の話題の陰で、鉄道の「オーバーツーリズム」の話はあまり聞かれないが、私が京都のあちこちを鉄道で移動する際には、相当な混雑に巻き込まれることが少なくない。

図表2は、二〇一七年の京都のいくつかの観光地に近い駅及び京都駅の乗車人数を五年前の二〇一二年と比較したものである。通勤通学や観光以外の様々なビジネスで使われて観光の比重が比較的低いと思われる京都駅の増加率の数字は、近鉄はわずか〇・一%でほぼ横ばいだが、JRで七・三%、京都市営地下鉄で一四・五%と、そこそこの伸びを示している。しかし、観光地の最寄り駅の伸びはさらに著《いちじる》しく、人気観光地でいつも混雑が続く嵐山の玄関は、JRの嵯峨《さが》嵐山駅で三九・四%、京福電鉄の嵐電《らんでん》嵐山駅（嵐電は嵐山本線と北野《きたの》線の通称）で四一・九%、阪急嵐山駅は六八・一%ときわめて高い数字となっている。驚くべきは、京都で外国人観光客に最も人気のあるスポットとして知られる伏見稲荷大社の最寄り駅である京阪電車の伏見稲荷駅で、乗車人数は二倍以上に増えている。

図表２　京都の観光地の玄関となる主な駅の乗車人員

（単位：千人）

会社	駅	2012年	2017年	増加率
ＪＲ	京都	69162	74203	7.3%
	嵯峨嵐山	2137	2978	39.4%
	稲荷	2370	3476	46.7%
市営地下鉄	京都	20081	22991	14.5%
	北大路	5065	5551	9.6%
阪急電鉄	嵐山	1259	2116	68.1%
京阪電鉄	伏見稲荷	1046	2229	131.0%
京福電鉄	嵐電嵐山	549	779	41.9%
近鉄	京都	18939	18991	0.1%
	東寺	1145	1307	14.1%

（各社発表の数字から著者作成）

ＪＲの稲荷駅でも五割近い増加となっていて、インバウンド効果が明確に現われているのがわかる。

ただ人数が多いだけであれば問題はないが、私が実際に乗車した体感では、京都駅から稲荷駅、宇治《うじ》駅を通って木津《きづ》（列車は奈良まで直通）までを結ぶＪＲ奈良線は、京都駅で乗車する際にすでにラッシュ時の通勤電車並みのひどい混雑であることが稀《まれ》ではない。帰路、稲荷駅から京都駅まで乗車する際はさらにひどく、バス同様、乗り切れず次の電車を待たざるを得ないケースがある。稲荷駅は駅舎内もホームも狭く、また奈良線はほとんどが単線でホームの長さも短いため、列車の増発や増結は難しく、慢性的な混雑が続いている。同様に、嵐電も最大四両しか連結できず、嵐山のほかにも太秦広隆寺《うずまさこうりゅうじ》、御室仁和《おむろにんな》寺《じ》、龍安寺《りょうあんじ》など観光客に人気の寺院の玄関駅が続くため、普通なら座れると思われる昼前後の閑散時間帯でもぎっしりの状態となっている。

鉄道はバスに比べれば輸送力が大きく定時性が高いので、待たされるイライラもバスに比べれば少ない点が今のところ大きな問題となっていない理由かと思われるが、このままさらに外国人旅行者が増えれば、バス同様の課題に直面する可能性が高いだろう。

一週間に一軒、どこまで続くホテルの開業ラッシュ

観光客の増加は、単に観光地の混雑をもたらしているだけではなく、京都の街そのものにも大きな変化を突きつけている。その最もわかりやすい大きな変化は、宿泊施設の相次ぐ建設・開業であろう。統計を見ると、実は日本人の観光客は、宿泊を伴う観光よりも日帰りの観光客が圧倒的に多いことがわかる。関西各地からの日帰りが難しくないだけでなく、東海道新幹線の駅があることもあって、京都駅から名古屋駅までわずか三六分、岡山駅まで一時間、在来線特急で福井駅まで一時間二〇分など、日帰り圏はかなり広い。東京でさえ新幹線で二時間少々なので、京都駅に朝九時ごろに着き、夕方七時くらいに京都を

発《た》つという日帰りの行程も十分可能だ。

それなのに京都のホテル建設ラッシュが続くのは、言うまでもなくインバウンド、外国人観光客の増加が顕著だからである。二〇一七年の一年間に新たに開業した京都市内のホテルは、およそ六〇軒。ホテルの開業が即「観光公害」となるわけではないが、遊休地がホテル建設優先で使われると、マンションなど住宅に供される土地が減り、京都市内の不動産の高騰を招く。実際、二〇一九年三月に発表された公示地価の前年との変動率の大きい地域ベスト一〇のうち、京都市が三カ所もランクインしている。（祇園の大和大路《やまとおおじ》付近が四三・六％で第四位、京都駅の北東、七条通付近が三九・五％で第七位、続いて三条大橋東詰が三九・〇％で第八位）。

京都市の土地高騰は、住宅地がより遠隔地へと広がって、他の都市の変容にまでつながっている。京都や大阪と直結するＪＲ琵琶湖線（東海道線京都～米原《まいばら》間、北陸線米原～長浜《ながはま》間の愛称）。府県が違うので地理を知らないと遠い印象を受けるが、滋賀県の各都市は京都市との時間距離が圧倒的に近い。ＪＲ西日本の看板電車で〝韋駄天《いだてん》〟ぶりを発揮する「新快速」に乗れば、京都駅から草津《くさつ》駅まで二一分、野洲《やす》駅まで二八分、県中部の近江八幡《おうみはちまん》駅まででも三四分で到着する。

これらの各駅の周辺には近年高層マンションが目立ち、京都に家を買えなかった（あるいはあえて買わなかった）層が主要な購入層の一郡となっている。中でも一九九四年に開業した南草津駅の周囲は、駅全体がマンション群に囲まれているといってもよいほどの急激な発展ぶりで、滋賀県内の乗降客数としては、県庁所在地の玄関である大津駅や草津線との乗換駅で交通の要衝である草津駅を抜いて第一位[注1]となっている。京都への観光客の集中は、お隣の滋賀県の住宅事情にも大きな変化をもたらしているのである。

なお、観光地の土地高騰は京都以外の外国人に人気のエリアでも起きている。先ほどの国土交通省が公表した全国の公示地価に再び目を落とすと、例えば東京の商業地で上昇率が高い上位五地点のうち、一位から三位までが台東区の浅草《あさくさ》で占められている。また、全国の商業地の上位五地点を見ても、後述する大阪の黒門市場《くろもんいちば》付近が四四・四％で第二位に入るなど、日本の土地需要にインバウンドが大きな影響を与えているだろうことが推測できる。

京都中心部の高さ制限が緩和《かんわ》へ

二〇一八年一一月、京都市は市中心部の建物の高さ制限を一部緩和するという発表を行なった。相次ぐホテル建設等によりオフィスやマンション用地が不足し、住宅価格の高騰が先述した京都市からの住民の流出、とりわけ若年層の流出を招いていることから、マンションなどの供給を増やすためだというのが緩和の理由だとされている。観光客の増加が住民を市外に追い出し、市内が空洞化しつつあることへの危機感からの決断である。

京都市はこの一〇年ほど前の二〇〇七年に「新景観政策」として、今回の施策とはまったく逆に市中心部の建物の高さを厳しく制限している。これまで四五メートルの制限があった地区は三一メートルに、三一メートルの地域は一五メートルへと景観の維持に大きく舵を切ったのである。

京都は宇治市の二カ所と、大津市にまたがる延暦寺《えんりやくじ》も含めた一七の社寺・城郭で構成される「古都京都の文化財」として世界遺産に登録されている。ローマやウイーン、プラハなどヨーロッパの歴史的な都市が歴史地区として〝面全体〟で世界遺産に登録されているのに比べて、特定の施設が点在して登録されているのが特徴だ。したがって、その施設

注1　『しが統計ハンドブック（二〇一八年版）』によれば、二〇一七年の南草津駅の一日平均の乗車人員は二万九九二四人で第二位の草津駅を一〇〇〇人ほど上回っている。

以外のエリアは、世界遺産の構成資産ではないため、空き地に次々とマンションなどが建ち、古都の景観が侵食されつつあったことへの危機感からの施策であった。文化や景観を守るために実行された思いきった制限が、一〇年あまりで変更されることになったのである。

これは、観光客の急増への対策として住民のために行なわれた優れた政策のように見えなくもないが、長い目で見て京都の街にとってプラスになる政策であろうか？

今でも京都の街並みのありようや変化については、特に有識者や文化人からは厳しい意見が多い。日本の中心として一〇〇〇年の歩みを積み重ねた重層的な歴史と、それを取り巻く山並みや水の流れが織りなす物語そのものが、他の都市にない京都の最大の観光資源であることに異論を唱える人はいないであろう。世界遺産に登録された仁和寺や東寺などの個別の寺院だけが京都の良さではなく、庭園一つとってもその奥に広がる東山や嵐山の借景《しゃっけい》も含めた景観すべてが京都の財産と言えよう。ほかにも祇園祭を支える町衆の暮らしが根づく町家の連なりも同様の貴重な資産であり、それが京都の価値を高め、住民の誇りにつながっている。

宿泊施設が不足しているからといって次々とホテルの建設を許可し、その結果住民が住めなくなってきたために、景観上は明らかにマイナスとなりかねない建物の高層化を認めるのは、結果として京都の持つ景観という資源の価値を減らしていくことになりはしないかという指摘は、かなり説得力のある言質《げんち》である。

私は、現在、かつての平安京の南西端ぎりぎりあたりのマンションに住まいを定めているが、この部屋を選んだのは窓から見える嵐山から天王山《てんのうざん》にかけての「西山」の山並みと、その前をゆったりと流れる桂川《かつらがわ》の景観があったればこそ、である。このあたりも最近はマンションの建設が進み、京都人なら夏に千日参りに登る山として誰もが知っている愛宕山《あたごやま》が本来なら見えるはずだが、斜め向かいのマンションが残念ながらその眺望を遮《さえぎ》っている。もちろん、私が住むマンションも別のマンションの住民の視界を妨《さまた》げているかもしれず、私たち市民も便利さと引き換えに貴重な景観の喪失に知らず知らずのうちに加担しているとも言える。

洛中の路地の先に見える山並みや鴨川《かもがわ》から眺める盆地など、より京都らしい景観も妨げられつつあり、高さ制限の緩和によってせっかく規制を強化してかろうじて守ってきた景観が毀損《きそん》されていくことが予想される。こうした事態もまたオーバーツーリズムの影響の一つと言え、観光客の増加への対応が町の価値を損なうことの重大さに多くの市民が気づく必要があろう。

外資や異業種もホテル事業に参入

京都は日本を象徴するホテル激戦区であり、需要の多い今、京都に進出して先鞭《せんべん》をつければ、その後のホテル展開の足掛かりになる。そんな思惑もあってか、京都に現在進出しつつあるホテルなどの宿泊施設には大きな特徴がある。

ひときわ目立つのは、外資の参入であろう。もちろん、以前から京都には外国資本のホテルがいくつか進出していた。二〇〇六年開業のハイアットリージェンシー京都は、京都パークホテルをリニューアルして、京都初の本格的外資系ホテルとして誕生。その後も、ザ・リッツ・カールトンやフォーシーズンズホテルなどがオープンしているが、ここ一〜二年でその動きが加速している。

二〇一九年秋には、東山にパークハイアット京都が開業予定であるし、アメリカ・シアトルで創業したブティックホテルチェーンの「エースホテル」が、戦前の歴史的建造物である京都中央電話局をリノベーションして、アジア進出第一号のホテルを烏丸御池《おいけ》に建設中だ。さらに、香港や中国資本の企業が町家を改装した宿泊事業に乗り出し、すでに多くの物件を所有、一部は開業している。中でも二〇一八年一月に、米国籍の中国人投資家が二条城近くの町家一一軒が並ぶ路地を丸ごと買い取って、自分の名前をその一角につけたことは、本人がツイッターでつぶやいたこともあって中国でも話題となった。

また、関西以外の国内の他地域からの進出も目立つが、近年多いのは、京都と縁もゆかりもない関東や九州の私鉄及びJR系のホテルが進出していることである。二〇一八年には、横浜に本社を置く相模《さがみ》鉄道が四条烏丸に一〇月、大手私鉄の一つ京王《けいおう》電鉄の子会社が烏丸五条に一一月と相次いで開業させたほか、二〇一九年には、静岡市に本拠を置く中小私鉄の静岡鉄道が二軒のホテルを開業する予定だ。秋には、三重県の三重交通系列のホテルが京都駅八条口に完成する。また、二〇一七年には福岡が本拠の西日本鉄道、二〇一八年にはJR四国もホテルや簡易宿所を開業。JR九州も二〇二一年度以降の開業を目指して建設を予定している。沿線人口の減少で鉄道会社はどこも本業の経営が苦しく、不動産やホテル事業に活路を見出しているが、その最前線の一つが京都となっており、まるで京都にホテルを持つことが鉄道会社のステータスになっているような感さえする。

さらに、ユニークな動きとして、異業種からの参入も目立っている。例えば、京都に本社を構える女性下着のトップメーカー、ワコールは二〇一八年四月、平安神宮や南禅寺《なんぜんじ》に近い左京区岡崎《おかざき》に、新たな宿泊施設「京の温所《おんどころ》」を開業した。ホテルではなく、空き家となっていた築百年近い町家をリノベーションして、簡易宿所としてオープンさせたのである。京文化のシンボルとはいえ、毎年多くが消えている町家の保存・再生と宿泊施設の不足の二つの目的をかなえるために、ワコールは新たに「町家営業部」という部署を立ち上げて、宿泊事業に参入した。岡崎の後にも、二条城に近い釜座《かまんざ》二条、京都御所からそう遠くない御幸町《ごこまち》夷川《えびす》と、同年に相次いで二号店、三号店をオープンさせており、一泊一棟貸しで五万円程度の高級感溢れる施設となっている。

建設ラッシュの陰で稼働率は低下傾向

このようにとどまるところを知らぬホテルラッシュの状況を見ると、宿泊施設は造りさえすれば儲かり、京都の宿泊業界はみなハッピーでえびす顔なんだろうと想像されるが、実態は必ずしもそうとは限らない。むしろ、すでに、「京都のホテルは結構空《あ》いている」という指摘もある。

もちろん、インバウンドが急激に伸び始めた二〇一三～四年ごろは、京都にまだ宿泊施設が十分とは言えなかったこともあって、京都府下や大阪どころか、滋賀県の東部まで行かないと京都の観光客向けのホテルの部屋は取れないと言われていた時期があった。しかし、ここ一年ほど、つまり二〇一八年ごろから風向きは大きく変わっているという。

二〇一九年に入って京都の大手旅行会社のホテルの仕入れ担当者にヒアリングしたところ、「確かに受け入れ外国人の『数』は増えているし、京都を歩く観光客も増えているのは間違いないが、我々がお付き合いしているホテルは結構空いていることが多い。それどころか、最初は強気でＯＴＡ（Online Travel Agent）と呼ばれるネット上だけで商品を売るエクスペディアやホテルズドットコムなどと組めば、既存の旅行会社には頼らずとも部屋は売れると豪語していたいくつかのホテルから、やはり旅行会社に部屋の一部を割り当てたいという申し出が出てくるようになった」という。

その背景には、やはり民泊の広がりと日本人客の「京都は宿が取れない、取れても高い」という負のイメージの広がりがあるのではないかと、地元の旅行業者は分析している。オーバーツーリズムが収まってよいではないかという気もするが、すでに土地を購入しホテルの建設を進めているところが、まだ京都には無数と言ってよいほどある。民泊をきっちり規制し、京都は新しいホテルがたくさんできて選択肢が広がり、十分泊まれるという認識が広がれば、新しいホテルもすべて埋まっていくように思えるかもしれないが、そう簡単に規制できなかったり、いったん動き始めた流れはなかなかとどめがたかったりする。

インバウンドが増加しているといっても、その八割は日本より物価水準が総じて低い東アジア、東南アジアからの来訪である。平均的な一泊一〜二万円のホテルでも高く感じることだろう。急激な宿泊施設の増加は、今後さらに大きな歪《ゆが》みを生じさせる可能性がありはしないか、そんなことを感じさせる状況である。

民泊と白タクが引き起こす問題

これまでたびたび言及したが、京都では、こうしたホテルの課題のほかに、外国人観光客の増加により、マンションの部屋や町家を観光客に貸す「民泊」の問題がここ数年クローズアップされてきた。

ある日、マンションの一室から住民の姿が消え、入れ代わり立ち代わり、外国人がやってくる。静かな住宅地に夜遅く帰ってきてアスファルトでカートを引く大きな音が住宅街に響いたり、大声で話す声が近隣に伝わったりするほか、たばこやゴミの道路へのポイ捨てやルールにのっとらないゴミ出しなど、住民にとっては突然、穏やかな日常が破られるということが京都市内のあちこちで起きてきた。京都市では、民泊専用の通報ダイヤルを設けるなど様々な対処を行なってきたが、国が二〇一八年六月に「住宅宿泊事業法」、いわゆる民泊新法を施行するのと軌《き》を一《いつ》にして、同年二月に民泊関連の京都市独自の条例が成立し、六月に全面施行した。この条例では、

◎住居専用地域での営業は、一月一五日から三月一五日に限定する。
◎管理者が客室に原則一〇分以内に到着できる場所に待機する「駆けつけ要件」を原則として義務付ける。
◎原則、対面で宿泊者を確認する。

などが定められた。

最初の項目を見てわかるように、通年での営業ができないため、この条例下で正式に届け出て民泊を行なう業者は予想をはるかに下回り、いまだにこの条例に違反する「もぐり」の民泊業者が営業を続け、通報を受けては摘発するといういたちごっこが続いている。まだ問題の完全な解決には至っていないのだ。

一方、京都市内では、旅客営業の許可を受けていないいわゆる「白タク」も増加の一途にある。業者の多くは中国人だが、近年は韓国人の業者も登場した。この白タクも、旅行者は中国や韓国現地でスマートフォンのアプリを利用して予約し、業者は直接客を拾うため、なかなか実態がつかみにくい。そのうえ、それらしき業者だとわかって確認しようとしても、「親戚を乗せているだけ」と逃げられてしまう。

「京都タクシー業務センター」が二〇一八年に市内で独自の調査を行なったところ、有名観光地を中心に一〇〇台以上の白タクとみられる車を確認している。正規のタクシーを朝から夕方まで一日借り切ると四万円程度だが、白タクでは半額程度と言われており、その割安感が業者を増やしている。京都府警などでは、観光地の周辺で違法な白タクに乗らないようチラシを配るなどの啓発活動を行なっているが、効果がてきめんに表われているとはいいがたい。

海外では、アメリカのウーバー（Uber）のようにプロのドライバーではない一般人が自分の空き時間と自家用車を使って他人を運ぶサービスが広がり、浸透している地域もある。その一方で、タクシードライバーの仕事を奪うとして業界を中心に反対も根強く、後述するスペインでは、二〇一八年から一九年にかけて首都マドリードでも第二の都市バルセロナでも、既存のタクシー運転手が街の目抜き通りに何百台もタクシーを停めて、ウーバーの導入に反対する一種のデモが頻発し、毎日のようにスペインのニュース番組のトップ項目を飾っていた。

民泊やウーバーのような形態は、合法的なものであれば中長期的な視点で見て旅行者の選択肢の一つとして定着していく可能性はあるが、一方で近隣住民や利用者、あるいは既存の宿泊業者やタクシー会社、運転手などとの摩擦が避けられない面もある。京都は外国人観光客が多いがゆえに、また途上国から見れば物価が高いこともあり、海外ですでに始まっている先進的なサービスが、法の網を潜《くぐ》る形で広がっている。それを日本流に取り入れていき、摩擦をなくしていくことができるかどうか、観光公害と関係する現象として、施策のあり方を考えていかなければならない。

舞妓《まいこ》・芸妓《げいこ》パパラッチ

近年、京都でよく聞く外国人観光客の悪《あ》しき行為として、いきなり見ず知らずの地元の人の写真を撮る〝パパラッチ〟問題がある。パパラッチが出没するのは、祇園界隈《かいわい》。撮影される対象は、美しい着物を着飾った舞妓や芸妓たちである。ちなみに、花街《かがい》の宴席で舞踊などの芸事で客を接待するのが芸妓、その見習いが「舞妓」で、髪形や着物の襟《えり》の色が異なる。

彼女たちは京都の観光ポスターに登場したり、八坂《やさか》神社や北野天満宮の節分会の豆撒《まめま》き行事に参加するなど京都のシンボル的な存在だが、自分でお座敷に呼ばなければ間近に顔を合わすことはできない。しかし、最近では、必ず芸舞妓の姿を街角で見られる特定日、すなわち、花街で芸事の師匠にあいさつ回りをする「始業式」（一月上旬）、「八朔《はっさく》」（旧暦八月一日）、「事始め」（一二月一三日）に、カメラを持って待ち構える観光客の姿が増える一方だ。どうしてもじっくりと芸舞妓の姿を見たいのであれば、「都をどり」や「鴨川をどり」など春と秋に行なわれる花街の踊りの公演を見に行くか、あるいは最も確実な方法として祇園甲部《こうぶ》歌舞練場に隣接する弥栄《やさか》会館の「ギオンコーナー」で行なわれる伝統芸能の舞台を見るという方法くらいしかないであろう。ギオンコーナーは観光客向けの舞台で、料金（大人三一五〇円）を払えば、芸舞妓と記念写真を撮ることもできる。

しかし、こうした手間をかけずに写真を撮ろうと思えば、先斗町《ぽんとちょう》や宮川《みやがわ》町、あるいは料亭が並ぶ花見小路《はなみこうじ》で、いつ現われるかわからない芸舞妓を待つことになる。もちろん、たまたま彼女たちが特に急いでおらず、きちんと断わって了解を得られれば写真を撮ることは不可能ではないが、実際には観光客が突然カメラのレンズを向けたり、場合によっては断わりもなく着物に触れたりするケースが後を絶たない。その場で撮るだけではなく、付け回すケースや自分と芸舞妓のツーショットを自撮り棒で撮ろうとする観光客もいる。

パパラッチ行為は、外国人観光客だけが行なっているわけではなく、日本人のにわかカメラマンの姿も少なくない。だが、傍若無人《ぼうじやくぶじん》な姿はどうしても外国人のほうが目立ってしまい、これもインバウンドの悪影響と考えられている。芸舞妓に触ることは禁止です、というピクトグラムの標識も花見小路には掲示されているし、地元でも様々な対応策を検討しているようだが、あくまで客商売の彼女たちを守るのにあまり無粋《ぶすい》なこともできず、完全にパパラッチを撃退できる有効な対策はまだないのが実態だ。

祇園祭に観光客集中——地元民は敬遠

桜や紅葉などの季節の風物詩に観光客が集中するのはもちろん頷《うなず》けるが、季節ごとのイベントや祭礼でも同様のことが起こっている。

例えば、京都の季節の行事として全国的に知られているものに「祇園祭」がある。平安時代に疫病《えきびよう》退散などを祈った「御霊会《ごりようえ》」を起源とし、八坂神社の祭礼として室町時代に

祇園祭宵山の混雑ぶり。山鉾が飾られた狭い通りに観光客があふれ、なかなか自由に歩けない。一方通行に制限される通りもあった（2018年7月）

ほぼ現在の姿となった、京都というより日本を代表するこの祭礼行事は、観光資源としても絶大な力を持つ。

テレビニュースで全国に放映される祇園祭は、ほぼ七月一七日に行なわれる「山鉾巡《やまほこじゅん》行《こう》」（二〇一四年からは、二四日の後祭りが復活し、こちらでも山鉾巡行が行なわれる）に集中するが、祇園祭は七月一日から三一日まで一カ月続く長期にわたる祭礼である。山鉾巡行のほかにも、その前日に各町内で行なわれる「宵山《よいやま》」（さらにその前日は『宵々山』と呼ばれる）や一七日の夕方に行なわれ、本来祭りのメイン行事となっている「神幸祭《しんこうさい》神輿渡《みこしと》御《ぎょ》」などがあり、市民にとってはこちらのほうが楽しみとなっている。

宵山は、祭礼に参加する京都市中心部の各町内で山鉾を組み立て、巡行当日は近づけない山鉾を間近で見てもらったり、一部の山鉾には実際に登ることができる、祭りを身近に感じられる一連の行事である。多数の露店が出たり、市民が厄除《やくよ》けとして玄関に飾る「粽《ちまき》」を各山鉾町内で購入できるなど、晴れがましい山鉾巡行よりも生活に密着した祭りだ。市民も巡行そのものよりも宵山のほうを楽しみにしている。それが祇園祭の姿である。

山鉾巡行はどちらかと言えば観光客向けのイベント、それに比べて市民にとっての祇園祭が宵山というふうに、日程や中身によって役割分担されていた祇園祭は、近年の観光客の増加で宵山の観光化が進み、混雑が増している。宵山で山鉾を飾る場所は、一部は大通りの場合もあるが、[注2]多くは狭い通りに飾るので、人出が多すぎると歩くこともままならなくなるほど混雑する。実際、私が宵山を楽しんだ二〇一八年の夕方には、いくつかの通りが一方通行に制限され、自由に歩けなくなってしまっていた。「宵山も観光客で混みすぎ

注2　長刀鉾《なぎなた》、函谷鉾《かんこ》などは京都のメインストリートで、山鉾巡行のルートにもあたる四条通に飾る。

て行く気が失《う》せてしまい、最近は行っていない」という声を何人かの地元の人から聞いている。

祇園祭は特定の神社の祭礼ではあるが、山鉾の巡行を中心に主に洛中の商人たちが担《にな》い手となって歴史を刻んできたイベントであり、一定の観光客の来訪は町衆の心意気を高める意味でも、また観覧席での見学や関連グッズの購入など収入に直結する意味でも大きなメリットがあるが、市民が楽しむはずのものだった宵山までが観光客に占拠されるようになると、祭りのあり方に疑問を抱く市民が増えてくる。そんな曲がり角に、祇園祭に代表される季節のイベントが差し掛かっていると言えそうだ。

京都っ子の台所「錦《にしき》市場」は食べ歩き天国に

「市民」のための場所やエリアだったところが、観光客向けに変わりつつある、その京都における代表と言えるのが、京都市民の台所である「錦市場」である。

錦市場は、京都を東西に貫く目抜き通りの一つである四条通の一本北にある錦小路通のうち、寺町《てらまち》通と高倉《たかくら》通に挟まれた、長さ四〇〇メートルほどのこぢんまりとした商店街である。起源は平安時代と古く、長年、京都市民が主に鮮魚、乾物、野菜などの食品を買い

（上）人波が途切れない錦市場　（中）多くの店頭には串に刺した食品が目立つ場所に置かれている　（下）それを立って食べる観光客（2019 年 3 月）

に来る気軽なマーケットとして、その名を知られてきた。近年では祇園や新京極などの繁華街に近いこともあって、京土産を求める観光客の姿も多く、市民と観光客が共存する賑《にぎ》やかな商店街としての地位を占め続けてきた。

ところが、二〇一二年以降の外国人観光客の増加などで、商店街の様相が変わり、祇園祭の宵山同様、市民から「混雑している」「外国人が多く、日常の買い物がしにくくなっている」「品ぞろえも、外国人客がその場で食べられるものばかりになり、市民が欲しいものがなくなっている」などの辛辣《しんらつ》な意見が聞こえてくるようになった。

実際、錦市場を歩いてみて大きく変わったのは、「食べ歩き」の商品が増えたことである。

日本人であれば、漬物や総菜を買って自宅でそのまま、あるいは料理の素材として食べることができるが、本国に帰るまで基本的には調理をしない外国人にとって、大切なのはその場で味見できるかどうかであり、そうした需要からか購入してその場で食べられる商品を扱う店が徐々に増えてきている。

そして箸《はし》が苦手な外国人を考えてのことか、食べ歩きできるものには、串に食品を刺したものが多く、刺身やイカ、エビ、はんぺんなどが店の一番目立つところに置かれており、実際外国人観光客が群がっている。二〇一九年三月のとある日、通りの端から端までその場で買って食べられるものを一品でも売っている店舗（無料で漬物などを試食させる店は除く）を数えたら、全部で四八軒あった。店舗の数が一二〇ほどで休業していた店もあったので、店舗の「食べ歩き推奨率」は、五割近くになるのではないかというほどの〝充実〟ぶりである。

このように、その場で食べられるものが店の前面でおいしさをアピールすれば、市民が買いたい商品はおのずと奥に引っ込み、地元の人はどうしても足が遠のく。もちろん、ここで業務用の食材を仕入れる割烹《かっぽう》や料亭も多く、「京の台所」の役割が薄れたとは言いきれないが、一見したところでは「市民の台所」は「観光客向けのフードコート」へと変貌してしまっているのである。「馴染《なじ》みの老舗の魚屋が撤退してからは、まったく足を向けなくなった。もうあそこは京都ではない」と言いきる京都在住の知人の声は、多くの地元民に共通の思いなのであろう。

もちろん商店街でも危機感を持っており、二〇一八年一〇月には、四カ国語で「歩きながらの飲食はご遠慮ください」と呼びかけるステッカーが掲示されるようになった。しかし串に刺した温かい食べ物はどう考えてもその場で食べるしかなく、効果が上がっているとは言いがたい。

各地の「市場」も大きく変容

これと同様の現象は、大阪市民の台所として親しまれている「黒門市場」（大阪市中央区日本橋）でも、またいまだに新幹線開業による観光ブームが続く金沢市民の台所「近江《おうみ》町《ちょう》市場」でも起きている。

二〇一八年九月、関西空港は台風二一号の高潮による浸水や外国船籍のタンカーの連絡橋への衝突などが重なって、一時全面閉鎖となった。ほぼ復旧するまでに一七日間を要したが、その間、黒門市場への客足は遠のき、閑古鳥《かんこどり》が鳴いていたと報道されている。もともとは、大阪市民向けの地域に密着した商店街だったものが、外国人観光客の増加で徐々に品ぞろえをシフト、二〇一八年現在、外国人が買物客の七割を占め、錦市場同様、外国人がその場で食べられるものを販売したり、イートインコーナーを設けたりして、「食のイベント会場」へと変貌していたのである。

一方、金沢・近江町市場での観光客のお目当ては、見た目に豪華で「インスタ映《ば》え」にぴったりの「海鮮丼」だが、地元の人はそもそもこの海鮮丼は食べないという。確かに冷静に考えれば近江町の海鮮丼は、見た目だけでなくお値段もかなり〝豪華〟である。「せっかく金沢に来たんだから」というのが高くても注文が途切れないモチベーションであり、地元の人には「せっかく」という気持ちは当然ながらまったくない。観光客で混雑する近江町市場に地元の人が寄りつかなくなっているその象徴が、地元民が食べない観光客の人気メニュー「海鮮丼」なのである。

　もちろん、商売を営《いとな》む以上、需要に合わせて品ぞろえや店舗の形態を変えるのは当然であり、それで賑わいが生まれたり、売り上げが伸びるのは悪いことではない。しかし、もともとの固定客から見ると、雰囲気が変わったり、落ち着いて買い物ができなくなったりすれば、自然と足が遠のき、他に馴染みの地域や店が見つかれば、二度と客足が戻ることはないだろう。

　地元向けの店が観光地化によって内容が変わってしまうことは、京都や大阪の伝統的な商店街に限らず、どこでもおこりうるし、実例もある。私が長くかかわってきて定点観測をしている群馬県の世界遺産「富岡《とみおか》製糸場」周辺の飲食店なども、二〇一四年の世界遺産登録と前後して、「工女が愛したラーメン」や「工女がおやつに食べたホルモン揚げ」などと銘打って、観光客が思わず入りたくなるような仕掛けを施《ほどこ》す店が一気に増えた。そのことにより、青息吐息だった経営が好転し、店が存続できることで結果として市民にとってもプラスになれば良いが、生活に密着したメニューや商品が消えたり、値上げにつながったりすれば、その店は、「市民の店」ではなくなってしまう。ここでも市民と観光客の折り合いをどうつけるのかということが問われていると言えそうだ。

京都に宿泊する四人に一人は外国人

これまで現象面を中心に、京都で起きているオーバーツーリズムの課題を見てきたが、京都の観光の実態を統計数字から見てみよう。京都市産業観光局による「京都観光総合調査」(二〇一七年一月～一二月)に基づいて概観する。

まず、京都市への全体の観光客数は、ここ二〇年緩《ゆる》やかに増加しており、一九九五年(平成七年)の三五三四万人から、二〇一五年の五七〇〇万人までほぼ右肩上がりで増えてきた。ただし、二〇一六年、一七年とここ二年は少し減っており、最新のデータでは五三六二万人となっている。図表3は、京都を訪れる観光客全体の実人数の年次推移である。

一方、外国人観光客の訪問状況だが、二〇〇〇年からの一〇年間で緩やかに増加してほ

図表3　京都の観光客数

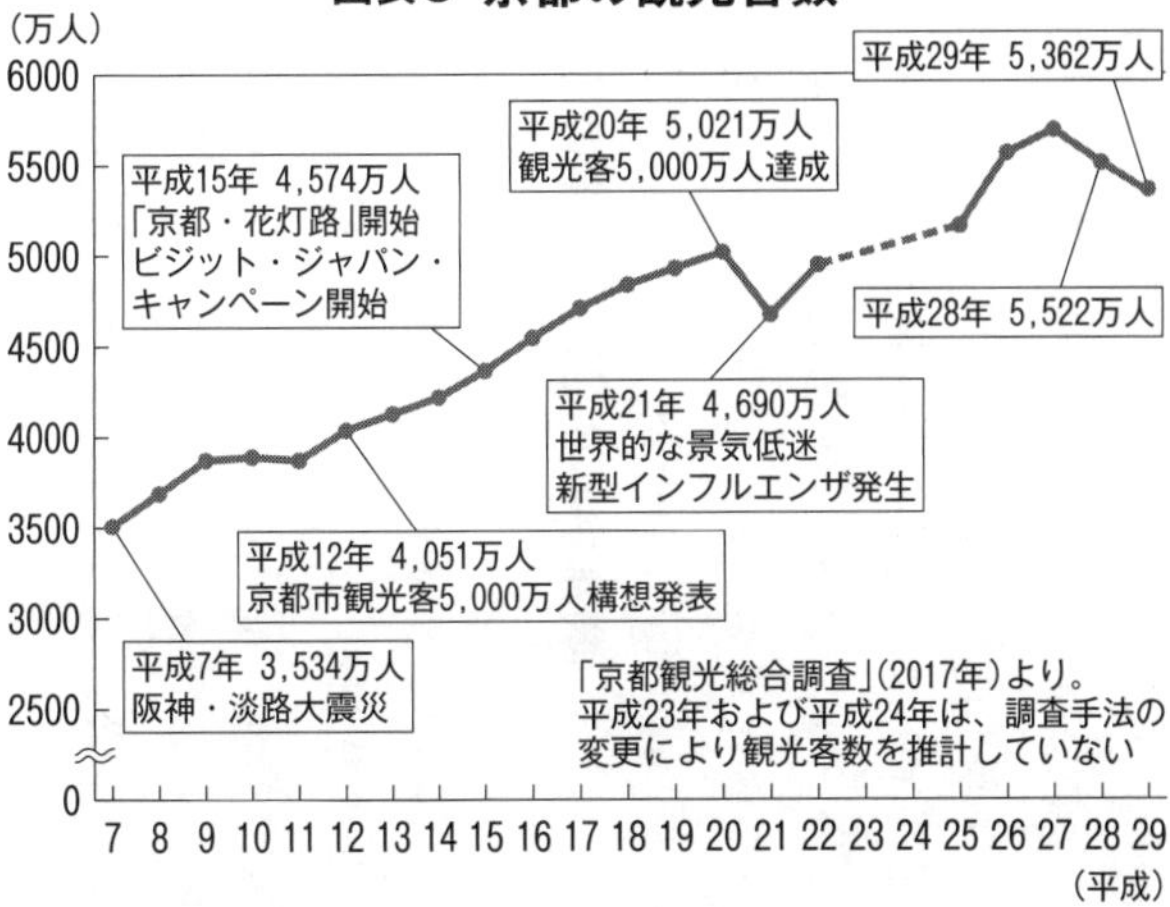

「京都観光総合調査」（2017年）より。
平成23年および平成24年は、調査手法の
変更により観光客数を推計していない

ぼ二倍になり、東日本大震災があった二〇一一年に五二万人と大きく下がった後は、カーブが一気に上昇し、わずか六年で約七倍に急増した。最新の数字は二〇一七年になるが、京都に宿泊した外国人は三五三万人あまりとなっていて、こちらは二〇一六年、一七年とも前年を上回っている。この数字には日帰り客も、無許可の民泊施設の利用者も含まれていないので、実際の観光客数はもっと多いことになる。この年の日本人も含めた観光客全体の宿泊者数は、同じ実人数でおよそ一五五六万人であるため、宿泊観光客に限れば観光客全体の二二・七％が外国人であり、無許可の民泊利用者に外国人が一定数いることを考えると、宿泊者のほぼ四人に一人が外国人で

あることがわかる。

月ごとの宿泊者を見ると、最も多いのが四月、次いで一〇月となっている。日本人も含めた全体では三月と一一月が多いので、主に桜を目当てに来る四月の観光客と、中国からは一〇月一日の国慶節《こっけいせつ》の後に続く休暇を利用して訪れる観光客が多いのではないかと推察される。ただし、もう一つの中国からの観光客のピークになる春節《しゅんせつ》（旧正月）にあたる二月は、宿泊者数が最も少ない月となっている。

圧倒的に多い中国からの観光客

今度は国別に見てみよう。宿泊者の実人数で最も多いのは中国で、九四万五〇〇〇人ほど。構成比では全体の二六・八％となっている。続いて、台湾から一四・六％、アメリカから九・三％、韓国が五・六％、オーストラリア四・八％と続く。

日本全体への観光客を国別で見ると、同じ二〇一七年では一位は同じく中国で七三六万人あまりで二五・六％、韓国が七一四万人あまりで二四・九％、以下、台湾一五・九％、香港七・八％、アメリカ四・八％と続く。誤差や正確に測りきれない要素も織り込んで少し緩やかに比較しても、全体の傾向はあまり変わらないが、韓国からの観光客が全国の比率に比べて少ないのが大きな特徴だ。その分、アメリカやオーストラリアなどの割合が多くなっている。おそらく、韓国からの観光客は地理的に近い九州にかなり集中していて、京都の割合が低くなっているのだろうと推察される。

年代別で見ると、京都への観光客が最も多いのは二〇代となっており、全体の四五・一％を占める。これは、欧州からの旅行者に三〇代が多い以外どこも共通で、とりわけ韓国と台湾は二〇代が半数以上を占めている。京都を訪れる外国人観光客というと、日本のわびさびを理解しようとする年配客が多いイメージがあるが、実際にはインスタグラムやアニメ・漫画の影響もあるのか、圧倒的に若い世代の来訪が多くなっているのが特徴である。ただし、来訪動機のアンケートによれば、どの国・地域も寺院・神社を含む名所旧跡が圧倒的に多く、「マンガ・アニメなどのポップカルチャー」と答えたのは、北米で一二・七％と比較的高いものの、韓国では三・二％とかなり低く、必ずしも若年層の京都への訪問者が日本のサブカルチャー的なものを求めているわけではないようだ。

また、市内での利用交通機関を見ると、バスを利用したと答えた割合が二九・二％で多くの外国人がバスを利用していることがうかがえる。バス一日乗車券とバス・地下鉄一日乗車券の利用率を合わせると四八・二％になり、一日乗車券の使用率も高いことがわかる。

この統計データには、外国人観光客の京都での訪問地の多い順に二五カ所の数字も掲載されている。全体ではトップが清水寺で六五・二%、次いで祇園の四九・五%、そのあと二条城四八・六%、伏見稲荷大社四八・〇%、金閣寺四七・七%と、ほぼ半数の外国人が訪れるスポットが続く。清水寺や祇園は、バスの混雑の象徴である京都駅のD1、D2乗り場から出るバスが通っていることを思い出すと、合点がゆく数字である。

国別では中国からの観光客が特定のエリアに集中しており、清水寺で八六・〇%、伏見稲荷大社六三・五%と、全外国人の平均よりも清水寺や伏見稲荷大社の訪問率がかなり高い。これらの寺社では中国人に遭遇する確率がきわめて高いことが伝わってくる。

日本人は「京都離れ」?

以上、細かい数字を羅列したが、この「京都観光総合調査」で最も面白いデータは、日本人観光客への意識調査で京都の「残念度」を尋ねている項目である。トップは、「人が多い、混雑」で、一七・一%の人がそう感じていると答えている。「人が多くてゆっくり楽しめない」、「バスがいつも満員で混雑して乗れないことがある」などが具体的な指摘である。その次は、「マナー」で、これも観光客のマナーの悪さ、交通マナーなどを指しているると考えてよいだろう。さらに、第三位が「公共交通機関」についての不満で、交通機関がよくわからない、目的のバス停が見つからないなどの声となっている。第四位は「トイレ」で、トイレが汚い、混雑しているなどの声である。完全に切り分けられないが、どれもオーバーツーリズムの弊害に関連していると見てよいだろう。

そんな中、二〇一九年三月の京都新聞の記事の見出しに、こんな言葉が躍ったのが目を引いた。「日本人の『京都離れ』？　宿泊客減少歯止めかからず　外国人客増加で混雑を敬遠か」。

京都市観光協会などの調査で、京都市内の主要ホテルの日本人の実人数が、二〇一八年は前年に比べ九・四％も減少、月ごとで見ても二一カ月連続で前年比でマイナスになっているという、かなりショッキングな記事である。記事では、この要因として「訪日客の増加で京都の観光地や交通機関の混雑が広く知られるようになったため、敬遠されている」と述べるホテル関係者の証言が紹介されている。42〜43ページで触れた、京都市内のホテルに空きが出てきたという指摘と相通じるものがある。京都へ行きたいという国内の観光客自身もその混雑ぶりに足が遠のき始めているとしたら、ひたすらインバウンドの誘致や増加に対応しているだけでよいのか――そんな本質的な問題を突き付けているようだ。

コラム① 一風変わった外国人からのクレーム

京都の観光公害というと、どうしても「外国人観光客の急増が市民や日本人旅行客に与える悪影響」のことだけに目が行きがちだが、京都の最新観光事情を取材する過程で、最近こんな変わった（？）クレームが寄せられた、という話を聞いた。

今も昔も京都は修学旅行の目的地の定番だが、最近は修学旅行も「学習の一環」という位置づけがより明確となり、大型バスをクラスごとに何台も仕立てて有名観光地を巡るというスタイルは影を潜《ひそ》め、あらかじめ出発前に自分たちで立てたプランに従って、グループで公共交通機関やタクシーを利用し見どころを回るような形に変貌した。それが近年になって、ただ観光をするだけではなく、京都に外国人観光客が多いことを捉《とら》え、修学旅行中にグループで彼らに日本に来た目的や日本の印象などをインタビューするという課題にチャレンジする学校がかなり増えているという。

とある京都旅行中のイタリア人が、一度そうしたインタビューににこやかに答えたところ、行く先々で同様のインタビュー攻めに遭《あ》い、どうして日本の学生は静かに古都の雰囲気を楽しみたい私にこんなに傍若無人に話を聞こうとするのか？　とのクレームを訴えたのだという。これは、また聞きの情報なので、細かいニュアンスは真実とは異なるかもしれないが、京都の観光事情に詳しい人なら、なるほどとすぐに納得される逸話だろう。

実際、私もそうした光景、つまり修学旅行生と思《おぼ》しき学生たちが、緊張しながらもメモを片手に外国人に話しかけている姿を幾度となく見かけている。その時は、「単なる物見遊山ではなく、意義のある活動だなぁ」とぼんやり見ていたのだが、インタビューされる側が繰り返しあちこちで声をかけられているかもしれないということには思いが至らなかった。そして、「観光公害とは、こういうものだ」と一面的に決めつけてはいけない貴重なエピソードではないかと、あらためてこの話をかみしめた。よく所属のゼミの学生に、「清水寺か金閣寺の前に行って、観光客にアンケートを取ってきたら？」などと声をかけていた自分の安易さに気づかせてくれた指摘でもあった。あなたが海外の旅先でこうしたアンケートを何度も受けたとしたら、どんなふうに感じられるであろうか？

第二章

「観光公害」とは何か

――インバウンドの「数」と「質」の問題

「戦争の世紀」から「観光の世紀」へ

一九〇一年から二〇〇〇年までの二〇世紀。この一〇〇年を振り返ったとき、もし世紀に称号を付けるとしたら「戦争の世紀」であったと名付ける人が多いのではないだろうか。第一次、第二次の二つの大きな世界大戦のほかにも、中国大陸での国民党と共産党の「国共内戦」は、中国に共産主義・社会主義の国家をもたらし、台湾を事実上、支配の及ばない別の「国」へと分離させた。二つの大戦後も朝鮮半島、ベトナムやカンボジア、中東、インドとパキスタン、ユーゴスラビアなど、地球上のどこかで必ずと言ってよいほど戦火を交《まじ》える地域があったのがこの二〇世紀である。もちろん、その一方で二〇世紀はその初頭に生まれた飛行機が人々の移動に大きな変革をもたらし、世界の距離は一挙に縮まった。鉄道や自動車の発達も目覚ましく、日本では特に高度成長期以降は、「旅行」は主要なレジャーの地位を占めるようになっている。

しかし、「戦争の世紀」と比べて今私たちが生きる二一世紀は、戦火の激しかったところにも和平が訪れ、シリアやソマリア、リビアなど外務省が退避勧告する地域がまだあるとはいえ、私たちはパスポート片手に世界の大半の場所に出かけられるようになった。また、一時期経済を牽引《けんいん》した食品や繊維などの軽工業、のちには石油製品、電化製品、自動車などを造る重化学・機械工業が世界中の経済発展を象徴してきたものの、近年はITやAIなど、目に見えない、あるいは見えにくい商品やサービスが経済のキーを握るようになった。GAFA（グーグル、アップル、フェイスブック、アマゾンの頭文字を取った言葉）に代表されるソフト産業を制する者が世界を支配するようになったのが、二一世紀に入って急速に変貌しつつある世界の趨勢《すうせい》である。

そんな目に見えない消費やサービスで、各国の経済に占めるウエイトが増しているのが「旅行」業界であり、産業という視点ではそれが「観光業」であることは、日本の状況を見れば明らかだろう。二〇世紀に比べれば、はるかに多くの地域に平和が訪れ、人々は心の癒《いや》しを求めて、あるいはより安い買い物を楽しむために、生活の場を離れて、しばし非日常の場所に遊ぶようになった。まだ二〇年も経《た》っていない二一世紀を一語で形容してよいのかどうかはわからないが、「AIの時代」とも言いうるのと同じ並びで、「観光の世紀」になりそうな勢いを感じるほど観光産業が伸長している。

観光客が増加する背景

世界の観光客数をまとめている国連世界観光機関（UNWTO）によれば、一泊以上で国外を訪れた観光客は、二〇一七年には全世界で一三億二二〇〇万人に達し、前年より七%増加した。二〇一〇年は九億五三〇〇万人であったのと比べると、わずか七年で四割近くも増加したことになる。同じ時期、日本を訪れた外国人観光客は、八六一万人から二八六九万人へと三倍以上に増えており、その爆発的な増加に比べれば緩やかではあるものの、世界中で旅行者が増加の一途をたどっていることは数字の上で明らかとなっている。

増加の背景には様々な理由がある。人口一四億人の中国、二億六〇〇〇万人のインドネシア、二億人のブラジル、一億四〇〇〇万人のロシア——。巨大な人口を持つこれらの新興国の経済発展が海外旅行客の増加に大きく寄与しているのは、日本にいても気づく現象だ。眠れる巨竜の目覚めが世界の旅行需要を押し上げているのは間違いない。

旅の移動手段で大きなウエイトを占める飛行機や鉄道の発達、及び運賃の低下も大きな要因だろう。今、世界を旅行すると、成田国際空港や関西国際空港がみすぼらしく思えるような巨大な空港をいくつも見ることができる。北京、韓国のインチョン（仁川）、シンガポール、バンコク、カタールのドーハ、UAEのドバイ、そして二〇一八年に新空港が完成し、世界一の規模と謳《うた》われる空港を持つトルコ・イスタンブール。ターミナルの大きさも滑走路の数も乗り入れる路線の多さも成田や関空とは段違いのこれらの空港を支えて

カタールのドーハ空港。写真は2014年の撮影だが、今も巨大空港への拡張工事が続く

いるのは、多くがここ一〇年で台頭した格安航空会社、いわゆるＬＣＣである。ＬＣＣがもたらした価格破壊は、〝旅行の大衆化〟という言葉では片づけられないほどのインパクトを与えた。

例えば、航空運賃が高いことで旅行先として必ずしも魅力的とは言いがたかった鹿児島県の奄美《あまみ》大島。二〇一七年の奄美群島への入域客数《にゅういききゃくすう》（奄美群島外から群島へ入った人数、したがって群島間の移動は含まない。『鹿児島県観光統計』より）は、六一万九五〇〇人で、対前年比七・一％と大きく伸びているが、奄美大島に限れば一〇・一％と大幅な増加となっている。中でも伸びているのが関西からの入域で、群島全体へ伊丹《いたみ》と関空から二〇一六年に四万七五五四人だったのが、一年後には七万八二一三人と六割も増えている。これは二〇一七年三月に、日本のLCCであるバニラエアが関空から奄美へ新たな路線を就航させた結果である。現在、奄美空港へは、鹿児島県内の空港を除くと、羽田、伊丹、福岡からJALが、那覇からRAC（琉球《りゅうきゅう》エアーコミューター、JAL系列）が飛ぶほか、成田からバニラエアが毎日飛び、通常価格で片道一万円程度で奄美へ足を伸ばせるようになった（バニラエアは二〇一九年度中にピーチ・アビエイションと経営統合。関空-奄美線は冬季ダイヤとしてピーチが就航予定）。LCCが新たな観光需要を押し上げている好例である。

庶民も乗れるクルーズ船

九州の博多《はかた》港や長崎港、あるいは沖縄の那覇《なは》港。近年、日本へのクルーズ船の寄港回数でトップ三に入るこれらの港では、クルーズ船が入港しない日のほうが少ないほど、クルーズ船を見かける頻度が高い。二〇一八年の寄港回数は、博多港が二七九回、那覇港が二四三回、長崎港が二二〇回で、いずれも一年の半分の日数である一八二〜三日を大幅に上回る。

かつてクルーズ船と言えば、イギリスの豪華客船「クイーン・エリザベス号」から連想

イタリアのクルーズ会社「コスタクルーズ」が運航する大型クルーズ船「コスタ ネオロマンチカ」。写真は中国の厦門（アモイ）港に入港する様子だが、日本にも寄港し、各種の発着ツアーがある（2019年1月）

されるように、セレブの高級旅行の代名詞であったが、低価格のクルーズ船が増加し、今では一泊一万円程度と、ビジネスホテルに二食付けるのと同程度かそれよりも安い価格で大型クルーズを楽しめるようになった。寄港回数トップ一〇のうち七港（二〇一七年は八港）は、九州・沖縄の港だが、そこに寄港する船の大半は中国・台湾・韓国など東アジアからのものである。

クルーズ船の寄港は、地元にあまりお金を落とさないという意味で、「観光公害」の要素を大きく含んでおり、それは別章で触れるが、いずれにせよ、こうした新たな旅の手段が世界的な観光客の増加を惹起《じゃっき》している一因であることは間違いない。

インターネットが「観光」を変えた

さらに、旅の簡便化に拍車をかけているのが、インターネットの普及によって旅のアイテムの検索・予約・購入が一気に簡略化されたことと、観光に関する情報が世界的な規模で一気に拡散するようになった状況であろう。

ほんの一昔前、海外に観光に出かけようと思い立ったら、旅行代理店の窓口に行き、たくさんのパンフレットを見比べながら店員と相談し、日程と価格の折り合うツアーを見つけるという作業が必要だった。個人で飛行機やホテルを手配しようものなら、航空会社に何度も電話をかけたり、高額な国際通話料金を気にしながら宿泊施設とファックスでのやり取りを続けたりと、手間と時間がかかる面倒な作業であった。

しかし、今では団体ツアーの申し込みも、個人で航空券やホテル、レンタカーの手配をするのも、パソコンやスマホの簡単な操作であっという間にできる。航空券やホテルは、条件を指定すれば、価格の安い順に並べ替えて比較できるサイトもある。インターネットの普及は、旅のパーツの予約を個人が簡単にできるという大きな革命を観光業界に巻き起こした。パリのオペラ座で「カルメン」の席を取ることも、ミラノのサンタ・マリア・デッレ・グラツィエ教会でダ・ヴィンチの傑作「最後の晩餐」の見学を予約するのも、やは

標高約3700メートルにある天空の鏡、ウユニ塩湖。ボリビアの首都ラパスから空路で約1時間（2014年2月）

り簡単なパソコンやスマホの操作で、ものの五分もかからずにできる。時差を気にしながら、なかなか通じない英語で直接劇場や教会の予約窓口に電話をしていたころから考えれば、隔世《かくせい》の感がある。

観光におけるインターネットの大きな効用は、インスタグラムに代表される一般旅行者の写真の投稿で観光情報が世界中に発信され、「行ってみたい」「こんな景色を見てみたい」「この料理を食べてみたい」と、旅への思いを掻《か》き立てるツールに多くの人が簡単にアクセスできるようになったことである。

例えば、ボリビアのアンデス山中に広がる塩の湖、ウユニ塩湖。ボリビアという国は、これまで日本では観光という面ではまったく無名の存在であったし、日本からのアクセスも世界の中で最も悪い場所の一つである。さらには、高山病にかかってもおかしくないほどの高地にあるうえ、ハワイやカンクンのように、現地に着けば何不自由なく過ごせる高級ホテルが並んでいるわけでもない。しかし、すべての景色を天地対称に反射する「天空の鏡」で撮影された絶景のインスタグラムの画像は、「私もこんな写真を撮ってみたい」という思いを多くの人に掻き立てる、きわめてインパクトのある画像であった。しかもその写真は、プロの写真家が何日も粘って撮ったものではない。スマホを持ってその地に立ちさえすれば、だれでも奇跡のような写真が撮れるのである。

大学の「観光学」の授業で学生に「世界中で今一番行きたいところは?」というアンケートを取ると、毎回必ずウユニ塩湖を挙げる学生が現われることを見ても、若い人たちにとってすでに第一級の観光地となっていることがうかがえる。

まずは、海外初心者としてハワイへ行き、次に香港やシンガポールを訪れ、それから初めてヨーロッパに足を踏み入れ、エッフェル塔やローマのコロッセオに感動する。そんな旅の作法や手順を、インターネットの魅力的な動画や画像は一気に吹き飛ばす。海外初心者が、いきなりボリビアへ、あるいはドバイのブルジュ・ハリファへ、アイスランドにある世界最大の露天風呂、ブルーンラグーンへと思いを馳《は》せ、それをクリック一つで予約する——そんな時代が訪れている。実際、私の娘たちは、ウユニへも、キューバ一のビーチリゾート、バラデロへも、ブルジュ・ハリファへもすでに出かけて、そのまま観光ポスターに使えそうな写真を撮ってきている。「インスタ映《ば》え」は、ここ数年の若者との会話で頻繁に登場するキーワードだが、観光を取り巻く状況を一変させてしまうほどのパワーを持っていたのである。

京都でも「インスタ映え」が観光地の姿を変えつつある。芸舞妓や西陣織《にしじんおり》などから「和服」のイメージが強い京都では、今、レンタル着物店で艶《あで》やかな着物を借り、町へと繰り出す若い観光客を頻繁に見かける。京都市内にはレンタル着物店が二五〇店もある。和服をまとった若者は、嵐山の「キモノフォレスト」や東山の「八坂庚申堂《こうしんどう》」といった、年配者がまったく知らない新たなインスタ映えの聖地へと出かけていく。[注3] アナログ時代にはなかった観光需要がこうして喚起されているのである。

注3　千馬彩華『観光用レンタル着物がもたらす新たな京都観光』（京都光華女子大学キャリア形成学部2018年度卒業論文）

日本政府のインバウンド対策はどうなっているのか

こうした世界的な趨勢とは別に、日本に外国人観光客が増加している直接的な理由は、国が国策として目標を定めて外国人観光客の誘致、いわゆるインバウンド対策に本腰を入れているからである。簡単にこれまでの経緯を確認しておこう。

日本政府が本格的に外国人観光客の誘致に乗り出したのは、二〇〇三年四月に始まった「ビジット・ジャパン・キャンペーン」からと考えてよいだろう。その前年、二〇〇二年の日本人の海外への出国者が一六五二万人だったのに対し、訪日外国人は五七七万人（『法務省出入国管理統計』より）。明らかに、「輸出超過」の状況であった。

その後、二〇〇七年に「観光立国推進基本計画」が閣議決定され、翌年、国土交通省の外局として観光庁が設立される。「日本の観光立国の実現に向けて、魅力ある観光地の形成、国際観光の振興その他の観光に関する事務を行う」という使命を担っての船出であった。

この基本計画は二〇一二年に新たな五カ年計画として改定され（二〇一七年にふたたび改定）、二〇一六年の訪日外国人旅行者数を一八〇〇万人、二〇二〇年までに二五〇〇万人とする目標を掲げて、ビザ要件の緩和や外国人観光客受け入れの施設整備などに力を注いだ。訪日外国人客数は予想以上の伸びを示し、二〇二〇年の夏季東京オリンピック・パラリンピックの開催年には、四〇〇〇万人に目標を上方修正、この目標も二〇一八年の訪日客数が三一一九万人を数え、無理な目標でなくなりつつあるほどの伸びを示している。

つまり、国はここ一〇年以上インバウンドの誘致を積極的に、そして継続的に進めてきており、京都をはじめとするインバウンドの増加は、いわば当然の帰結であることがわかる。さらに、二〇二〇年の東京オリンピック・パラリンピックの開催が決まったことと、二〇二五年に二度目の大阪万博の開催が決まったことも、インバウンド現象の追い風になっている。

オリンピックの開催期間は二週間あまりで、しかも日本では熱帯並みの暑さになる盛夏での開催のため、選手・関係者は別として五輪に合わせて大量の観光客が一気に押し寄せるということは考えにくい。とはいえ、世界中のメディアで東京オリンピックが取り上げられることは、日本の知名度をさらに押し上げ、「行ってみたい」と思わせる誘《いざな》いにつながるだろうし、万博もそれほど外国人を呼べるかどうかは疑わしい面もあるが、それを旗《はた》印《じるし》に外国人も意識した様々なインフラが整備されることで、外国人観光客を受け入れる体制が強まることは間違いない。

もちろん、本書の主題である「オーバーツーリズム」については、インバウンド誘致を進める国でも重要なテーマだと認識しており、特定の観光地に特定のシーズンに観光客が集中しないような広域周遊の提唱なども行なっているが、「数」ありき、「目標」ありきの感は否めず、オーバーツーリズムへの対策は後手に回っているように見える。

「オーバーツーリズム」の形態――〝悪者〟は観光客だけなのか

オーバーツーリズムと一口に言うが、その現象はいくつかの特徴から分類することができる。

第一章で取り上げた京都市で起きている現象は、「外国人観光客の急激な増加が地元に住む住民の生活環境の悪化につながっている」という典型的な例である。騒音やバスの混雑といった直接的な影響もあれば、地価や家賃の上昇につながり住居を探すことが難しくなったり、経済的にその町に住めなくなるという間接的な、しかしより深刻な影響もある。

それとは別に、京都で見られるもうひとつの側面は、住民だけでなく、京都を訪れる自国の日本人観光客に、そしてやってくる外国人観光客にとっても、マイナスの影響を与えているという観光客同士の悪影響である。日本で最も日本らしい情緒を感じさせる町が最も日本らしくなくなっているとすれば、日本人観光客も外国人観光客も、別の目的地を探すようになるだろう。オーバーツーリズムは、「観光客」vs.「地域住民」という対立の構図だけではなく、「観光客」vs.「観光客」という側面があることも見逃せない。

また見方によっては、こんなふうに考えることもできる。私たちは、殺到する観光客を悪者にしがちだが、その観光客の誘致に力を注いだり、地域住民よりも観光客の利便を優先してしまうのも、受け入れ側、つまり地元が主導している側面があることを忘れてはいけない。古都京都の静かなたたずまいを壊そうとしているのは、事情を知らずにやってくる外国人観光客ではなく、事情を知ったうえで、地域の景観や雰囲気を貶《おとし》めることに加担する地域の業者だったりする。実は本当の対立構造は、儲けを重視して観光客を優先する「地域」と、知らず知らずのうちにそのマイナス面を引き受ける「地域住民」、つまり「地域」vs.「地域」だったりするかもしれないのだ。単純な二項対立では捉えきれないところにオーバーツーリズムの難しさが潜んでいるのである。

また、第三章で詳しく述べるように、オーバーツーリズムの「被害者」は人間ではなく、自然環境となっているケースも多く、本来、「オーバーツーリズム」はこの側面から注目され始めた経緯もある。登山、トレッキング、ハイキング、スキー、海水浴など大自然の中での楽しみは数知れないが、許容量を超す観光客、利用客の殺到は脆弱《ぜいじゃく》な自然に深刻な影響を及ぼすし、ユネスコの世界遺産のうち、優れた自然環境の保全を目的に登録される「自然遺産」は、ほぼすべてがオーバーツーリズムの問題と直面していると言っても過言ではない。これについては次章で個別に見ていきたい。

「外国人」への距離感

オーバーツーリズムは、混雑や家賃の高騰など、「数」の問題、つまり適正な規模を観光客数や宿泊者数が超えることでもっぱら生じる問題だというふうに捉えがちだ。けれども、日本では「外国人」そのものに不慣れであるなど、人種や民族にかかわるセンシティヴな問題、言い換えれば、「量」だけでなく、「質」的な問題が横たわっていることも見逃せない。

日本は他の多くの国と違って、国民の民族的・人種的な多様性がきわめて低い国である。もちろん、琉球やアイヌなど狭義の「やまと」民族とは異なるルーツを持つ人たちも構成員であるし、朝鮮半島や中国大陸由来の人々も住んでいる。ハワイやブラジルなどへの移民として日本から移住した人々の子孫である日系人や、労働力としてあるいは留学生として入ってきたアジア系の人々も住んでいて、以前よりは多様性は増しているが、それでも「同じ顔つき、同じ皮膚の色、同じ言葉、同じ文化的背景」の人だけに囲まれて暮らす人が多いため、外国人の存在にひときわ反応を示す傾向が強い。

これまで数えきれないほど海外へ出かけ、海外の知人も多く、自分が受け持つ大学のゼミにアジアからの留学生がいる私でも、そういう感覚がまったくないと言えば嘘になる。周囲に日本人ばかりが一〇人いるのと、同じ数でも言葉が通じない外国人が一〇人いるのとでは、心理的な感覚が異なってくる。しかも、行動一つとっても文化的背景の差が表われて、違和感を覚えることは誰にでもあるだろう。東アジア系の人々は、背格好や顔つきは日本人と区別がつかないほど似ているので、例えば北欧やオランダ人のように、男性なら身長一八〇センチを超えるのが当たり前というような大柄な人たちと接するときの身体的な威圧感はない。しかし、記念写真ですぐ自撮り棒を使ったり、あるいは日本人ではほとんど見ない黒いマスクをしていたりする様子を目にすると、違和感、あるいは拒絶感のような感情が湧《わ》き起こる。

また、電車やバスなどの閉鎖的な公共空間での携帯電話での通話は、日本では原則としてマナー違反とされているため見かけることは少ないが、海外では特に問題はないとしている国が多い。当然、車内で外国人が大声で携帯の通話をしている光景にも、眉を顰《ひそ》める日本人は少なくないであろう。

もちろん、日本人自身も知らず知らずのうちに海外へ行けば同様の不快感を与えていることにも気づかなければならない。前述した東アジア系外国人の黒いマスクに多くの人は違和感を持つかもしれないが、日本では外出時に白いマスクをすることは社会的にも受け入れられている。風邪をひいて咳《せき》が止まらなければ、マスクをつけることこそが「マナー」であるとさえ考えられている。しかし、ヨーロッパで色にかかわりなくマスクをつけて歩いていると、多くの国では「この人は何か特別な病気を持っているのではないか?」と、場合によっては避けられてしまうこともある。予防や風邪程度ではマスクをしない国民から見れば、白いマスクでさえ「異様」に映ることがありうるのである。

一九八〇年代から九〇年代、バブル景気華やかなりし時代には、大きなカメラをぶら下げた〝見るからに日本人〟という格好で、現地では本来ならそれなりの身分の人しか入れないパリやミラノの高級ブランドショップで日本人観光客が商品を買いあさっていた。そんな当時の日本人も、現地の市民から見れば「歓迎されざる」観光客だったであろう。本当にその高級店で買い物をしたいと思っている地元のセレブの瞳には、その光景はまさに「観光公害」に映っていたのかもしれない。

今、世界中で起きている「オーバーツーリズム」は、海外への渡航客が増えたことで生まれた単なる「観光客の数」の問題ではなく、異文化への不慣れな状況が生み出す心理的な抵抗感も、実は大きな要因となっていると感じられる。とりわけ、おおらかさとは正反対の細かいルールやマナーにうるさい日本人にとって、外国人の振る舞いへの拒否反応はかなり大きいと思われる。

「善意」の旅行者が引き起こすオーバーツーリズム

前項のことを別の言葉で言い換えてみよう。

オーバーツーリズムは、一部のマナー違反を繰り返す厄介《やっかい》な外国人（に限らず日本人も含めた）観光客が引き起こす問題、例えば住宅街で深夜に高歌放吟《こうかほうぎん》したり、ゴミ出しのルールを守らなかったり、というような観光客の「質」の問題と、仮に旅行者全員が紳士淑女であったとしても、そして日本の文化や風習を深く理解してくれる理想的な外国人たちであったとしても、観光施設や交通機関の混雑のように「数」そのものが引き起こす問題に分けて考えたほうがよいということである。

マナーの問題は、ある程度強硬に取り締まることで影響を小さくすることができる可能性がある。より厄介なのは、「善意」の旅行者が、マナーを守って普通にふるまっているのに深刻な影響をもたらす、後者の問題であろう。

世界の安寧《あんねい》と平和を考えると、多くの外国人が日本を訪れて、日本の良いところを身をもって体験してくれることは、日本のファンを増やすことに繋《つな》がり、望ましいことだと言ってよいだろう。私自身これまでに実際に訪れた国のほとんどは、今も身近に感じ、テレビ番組や雑誌などでその国が取り上げられると思わず見入ってしまうということが多い。より多くの外国人に日本の良さを知ってほしい。そのために京都のような歴史的な街も訪れてほしいし、瀬戸内海や北アルプスのような美しい自然景観もじかに見てほしいし、人と自然が寄り添って作り上げた里山や棚田《たなだ》のような文化的景観も味わってほしい。そのために多くの外国人が日本を訪れるのは基本的には喜ばしいことである。

問題はその変化が急激に起きたこと、そのため、受け入れる体制ができていないところが多かったこと、あるいは適正な受け入れ数の規模について十分議論する時間がなかったことである。

また、言うまでもないが、「数」だけの問題であれば、日本人か外国人かはあまり関係がない。京都を例にとれば、外国人が増えすぎたとしてもその分、日本人観光客が減ればトータルの観光客数は変わらないので、「数」が引き起こす観光公害は抑えられるはずだし、実際京都では第二章で触れたように、すでに日本人観光客は減っている。しかし、そうなってしまうと、京都は錦市場に象徴されるように外国人向けの町に変貌してしまい、地元の人にとっても日本人観光客にとっても、「京都」の良さは失われていくかもしれない。

私たちは、あるいはおのおのの地域は、地域に住まう人、同じ国の他の地域からやってくる訪問者、そして文化の異なるほかの国からやってくる訪問者の三者のバランスをどう考え、どう取っていこうとするのかが問われている、それが、オーバーツーリズムが突き付けている問題なのかもしれない。

コラム②　お坊さんの専門誌に掲載された観光公害

特定の業界内の話題や課題を扱ういわゆる「業界誌」には、門外漢が読んでも興味深い記事が掲載されていることが多い——というのは読書通、雑誌通の間ではかなり定着している「定説」である。中でも、寺院の住職の情報誌である『月刊住職』は、「病院の霊安室から臨終後すぐに追い立てられる非情な問題」（二〇一八年六月号）とか、「入棺体験やデスカフェ（注・死を語り合う場）をお寺で成功させる方法」（二〇一八年一二月号）といった、寺院関係者ではない私のような者でもタイトルを眺めたら読んでみたくなる記事が多く、全国紙に毎月掲載される広告の見出しが気になる雑誌である。

この『月刊住職』の二〇一九年五月号に、『外国人団体客に対して入場拒否を宣言したお寺のオーバーツーリズムと解決策』という特集記事が掲載された。福岡県篠栗《ささぐり》町にある真言宗の別格本山「南蔵院《なんぞういん》」が、押し寄せる外国人観光客が大音量の音楽をかけて動画を撮ったり、屋根に上って写真を撮るなど傍若無人な振る舞いが目に余ることから、日本人以外の団体参拝を断わるようになった経緯や反響をまとめたものである。南蔵院のこの思いきった「観光公害」対策は、昨年秋から今年春にかけていくつかの新聞でも取り上げられたが、この雑誌の記事では、決定を下した当の南蔵院の住職のインタビューはもちろんのこと、福岡県内の他の寺社や観光庁、福岡県観光振興課、そして観光学の研究者にもコメントを求めており、ある種の外国人差別ではないかという指摘への見解を織り込んでいることも含め、よく取材された、そしてバランスが取れた記事であった。

この問題の背景には、本章で触れ、次章でも詳述する九州、特に博多港に集中する大型クルーズ船の急増が潜んでいる。九州の港に立ち寄るクルーズ船は中国など東アジアの観光客が多いため、南蔵院の名物である全長四一メートルの巨大な釈迦涅槃仏《しゃかねはんぶつ》は格好の立ち寄りポイントとなっている。旅の半分以上を船内で過ごすツアー客は、下船して「観光モード」に入ると開放感が増幅されて羽目《はめ》を外しやすいのだろう。住職のインタビューの中には、忙しい彼岸の中日にバス五〇台で来たいと言われたこともあったなど、寺の都合をまったく考えない旅行社側の姿勢などに業《ごう》を煮《に》やし、団体に限ってお断わりにせざるを得なかった苦渋の選択の顚末《てんまつ》が綴《つづ》られている。

このようにオーバーツーリズムは、広範な地域の広範な業界や職業の人たちに影響を与えつつあることを、仏教の業界誌は伝えている。

第三章

日本各地の「オーバーツーリズム」

——北海道から沖縄まで。こんなところにも観光公害が

空の玄関で起きていること

成田と並ぶ外国人観光客の空の玄関、関西国際空港は、二〇一七年から一八年にかけて大きな「忘れ物」に悩まされ続けた。日本での観光を終えて帰国する外国人観光客が、スーツケースを置き去りにしていき、その「ゴミの山」に空港当局が苦慮しているというニュースが何度も放映された。

日本で大量のお土産《みやげ》を購入した観光客が、持参してきたスーツケースに収納できなくなり、一回り大きなスーツケースを購入し、空港で商品を移し替える。当然、持ってきた古いスーツケースは不要になる。そのスーツケースが空港の片隅に放置され、多い日は一〇個以上もの持ち主のいないスーツケースが空港の片隅に集まったという。空港当局は放置されていた個人のスーツケースを「ゴミ」と決めつけて処理してよいかどうかわからず、そのうち処理しようにもできないスーツケースがたまっていったのである。

持ち主が見つからない以上、ゴミではなく落とし物として処理せざるを得ず、数日間保管した後、警察署に届ける措置をしており、その手間や一時的な保管場所の確保に時間を割《さ》かれるという実害が起きていた。二〇一七年の一年間に、関空だけで二五八個のスーツケースが置き去りにされたという。関空では二〇一八年八月から無料でスーツケースを引き取るサービスを始めたが、完全になくなってはいない。また同様の問題は成田国際空港や中部国際空港でも起きており、それぞれが対策を講じているが、これまでほとんど見られなかった現象だけに、インバウンドの急増がもたらした思わぬトラブルとして話題になった。

国際空港では、ほかにも、深夜早朝に出発するＬＣＣの増加もあって、搭乗手続き前、あるいは到着後に空港のロビーなどで過ごす「夜明かし客」が外国人を中心に増加し、治安面などで心配の声が上がっている。また、観光客の急増に出入国審査の態勢が追い付かず、混雑時には外国人が入国審査を通過するのに三時間以上かかったという事例も生じている。

さらに、日本の空港は滑走路が一〜二本しかないインフラの脆弱な空港が多いうえ、自衛隊や米軍と共同で使用する空港も少なくないため、遅延が日常茶飯事になっている空港がいくつもあり、これは外国人観光客だけでなく、国内線を利用するビジネスマンや用務客などにも影響を与えている。羽田空港は四本の滑走路を持つ国内最大級の空港だが、それでも混雑時には、飛行機がボーディングブリッジを離れ、タキシング（地上走行）を始めてから三〇分以上離陸できないことは珍しくないし、逆に着陸時にも順番待ちでかなりの大回りをしてから空港へのアプローチに向かうケースも多発している。私も自分自身の搭乗時に何度も遭遇してきた。

世界に冠たる〝おもてなし〟の国の玄関でも、すでに観光客の増大は様々な面で深刻な影響を及ぼしていると言える。

大阪・ミナミは完全に外国

第一章で、京都の錦市場や大阪の黒門市場が〝外国人仕様〟に変貌していることに触れたが、関西で暮らしていてよく話題にのぼるのは、「大阪のミナミ、完全に外国だよね！」という会話である。

「ミナミ」——具体的には南海・近鉄などの難波《なんば》駅から心斎橋筋《しんさいばしすじ》、戎橋《えびすばし》、道頓堀《どうとんぼり》にかけての一帯である。京都に住んでいると、日常ミナミに出かける用事は数えるほどしかないが、たまに出かけるたびに驚かざるを得ないのは、「外国人が多い」というような生易《なまやさ》しい状況ではなく、「ほとんど外国人ばかりだ」という印象を受けるからである。大阪は、ユニバーサル・スタジオ・ジャパンにせよ、大阪城にせよ、どこも外国人の姿が目立つが、心斎橋周辺はひときわその集中度が高い。関空から大阪の都心へ出るのに最も便利な

大阪・ミナミの中心、道頓堀川にかかる戎橋の上は、ほぼ外国人と言ってよいほどの集中ぶりだ。彼らによって周辺のデパートや家電量販店の売り上げが伸びる一方、日本人との共存が課題となっている（2019年4月）

南海電車の終着駅が難波だという事情もあろうし、団体用のバスの駐車場所が梅田《うめだ》周辺にはなく、ミナミに停めざるを得ないということもあるし、買い物ができる大型店が集中しているというのも一因であろう。

彼らは、多くの場合、大きなスーツケースやキャリーバッグをいくつも引いているため、連れ立って歩かれると歩道が塞《ふさ》がれることになる。また、商店の多くがこうした外国人を商売相手にするようシフトしてきているため、店員にも外国人が増え、日本人が買い物しようとしても言葉が店員に通じないことがある。また、外国人は日本での買い物に不慣れなため、どうしてもレジでの精算に時間がかかる。ドラッグストアのように、日本人が普段の生活で立ち寄る店でもこうした状況に拍車がかかっているため、このエリアに近づきたくないと考える地元の人が増え、一層外国人の比率が高まるという事態になっている。

もちろん、ここで商売をする人たちにとって、訪日外国人の増加は追い風だ。来客が減って閉鎖が続く地方の百貨店をしり目に、ミナミの百貨店は免税エリアを設け、その売り上げは今も伸び続けている。家電量販店も一時の炊飯器などの爆買いは影を潜《ひそ》めたものの、電動歯ブラシや布団クリーナーなどの売り上げが伸び、好調な業績となっている。

しかし、本来のお得意さんである日本人がこのエリアから逃げて戻ってこないと、国際情勢や為替の動向などに影響を受けやすい外国人観光客頼みの商売には大きなリスクがつきまとうし、二〇一八年の関空閉鎖時の黒門市場ではまさにそのリスクが顕在化した。地域の活力やバランスという観点からも、日本人と外国人がともに楽しみ、交流できる場が用意されるべきで、ある地域だけが外国人に席巻《せっけん》されるという状況が好ましくないのは明らかだろう。

関空はさらなる拡張工事が予定されているし、もっと航空需要が伸びれば、今は国際線の乗り入れが制限されている伊丹空港や神戸空港の活用も考えられる。成田や羽田にはまだ拡張の余地はあるとはいえ、それもすぐに満杯になりそうであることを考えれば、関西への一層のフライトの集中は続くであろうし、韓国や中国・台湾・香港などからは、東京よりも関西のほうが所要時間も短い。大阪・ミナミで日本人と外国人の共存をどう図るかは、喫緊の課題と言えそうだ。

予約が取れない「ひかり」問題

日本の東西移動の大動脈で、とりわけ利用客の多い東海道新幹線。東京と新大阪の区間には、現在、「のぞみ」「ひかり」「こだま」の三種類の列車が走っている。一番停車駅が少なく、品川、新横浜、名古屋、京都だけに停まる「のぞみ」は一時間に七〜一〇本、「のぞみ」の停車駅のほか、小田原《おだわら》、静岡、浜松など通過駅のうち二駅ほどに停まる「ひかり」は一時間に原則として二本程度、各駅に停まる「こだま」がやはり一時間に二本程度というのが通常の運転パターンである。

この区間は、関東と中部・関西を結ぶ機能が最も重要視されるため、停車駅の少ない「のぞみ」の需要が高い。一九九二年のデビュー時には一時間にわずか一本しかなかった「のぞみ」は、今や多客時の季節・臨時列車も含めれば一時間に一〇本も走行する東海道

混雑が続く新幹線。写真の「のぞみ」には外国人が利用するJRの「ジャパン・レール・パス」で乗車できない。そのため「ひかり」が混み合ってしまう（2018年9月、京都駅13番ホーム）

新幹線の主役となり、常に混雑している印象がある。

しかし、インバウンドの増加を受けて、今最も指定席の予約が取りにくいのは「ひかり」に変わったと旅行関係者は口を揃《そろ》える。「のぞみ」が停まらない小田原や熱海《あたみ》、三島《みしま》駅などでの乗降を織り込んだ「ひかり」を使ったツアーを企画する旅行会社に聞いても、「ひかり」の指定席は常に混み合っているという。一時間当たりの運転本数が通常で二本と少ないので、混んでいて当たり前のような気もするが、インバウンドの集中以前は、「ひかり」はいつも予約が取れる列車と相場が決まっていた。しかし、今では「ひかり」の混雑度がかなり高く、しかも大きな荷物を持った外国人観光客がかなり多い。車両によっては、外国人の貸し切りか？　と思われるような場合もある。

その最も大きな理由は、外国人の多くが日本のJRを利用する場合に購入する「ジャパン・レール・パス」[注4]では「のぞみ」に乗車できないという制限があるからだ。このパスを利用する外国人にとって、「のぞみ」は走っていないも同然なのである。

もちろん、混雑が行き過ぎて車内で大きな混乱が起きているとか、予約が取れないという日本人からの苦情が殺到しているというわけではない。そういう意味では「オーバーツーリズム」の具体事例とは言えないかもしれないが、「ひかり」の利用者にとっては、予約が取りにくかったり、大きな荷物を引きずってうろうろする観光客のためになかなか落ち着けないといった事態[注5]が起きている。

注4　日本を観光目的で訪問する外国人向けに販売される、JRの鉄道（東京モノレールや第三セクター化された一部の旧JR路線を含む）・一般路線バスの全線に乗り放題の特別企画乗車券。海外で購入する場合、二〇一九年四月現在、七日間・普通車用が二万九一一〇円と格安になっている。ただし、「のぞみ」と「みずほ」には自由席も含めて一切乗車できず、乗車する場合は、運賃・特急券が別途必要。

借りるまでが一苦労のレンタカー

旅の手段の一つとして重要な役割を担うようになったシステムにレンタカーがある。

私自身も国内外問わずよく利用する。二〇一八年の一年間だけでも、国内で一三回、海外で四回レンタカーを借りており、総走行距離は国内で二五二〇km、海外で二三〇〇kmに達する。

インバウンドの増加により、外国人のレンタカー利用が増え、それに伴って事故も増大しているというニュースをここ二、三年、テレビのニュース番組やインターネットでよく見かけるようになった。その実態は次項で詳しく述べるとして、まず日本人、外国人を問わず、レンタカーが旅の手段として定着したことによって、レンタカーの利用者が着実に増えていることを確認しよう。

国土交通省自動車局旅客課がまとめた「レンタカー車種別車両数等の推移」によれば、観光用に供《きょう》されることが多いと考えてよい乗用車の台数は、二〇一二年には全国で二五万七〇〇〇台だったものが五年後の二〇一七年には三四万八〇〇〇台へと三五・五％も増えている。この五年間の全国の乗用車の登録台数は、一般財団法人自動車検査登録情報協会によれば、五八七三万台から六一二五万台へと四％ほどしか増えておらず、レンタカーの伸びがきわめて高いことが統計からもうかがえる。

我が国で最もレンタカーの観光需要が多い二大スポット、つまりレンタカーの増加が顕著に見られるところは、日本の南北の拠点空港である新千歳《しんちとせ》空港と那覇空港だ。広大で車で走りやすい北海道と、鉄軌道が空港から国際通り、首里《しゅり》城あたりまでしかカバーしていない沖縄都市モノレール（ゆいレール）[注6]だけという完全なクルマ社会の沖縄では、個人旅行となるとレンタカーの利便性が格段に高い。

そのため、すでに一〇年以上前から、どちらも空港からかなり離れた場所にレンタカー各社の営業所がずらりと並び、利用者は空港から各レンタカー会社のシャトルバスに乗せられて営業所に到着し、さらに長い時間をかけて手続きを待つという状況が続いている。それ以外の国内各地の空港や主要駅では、おおむね空港の到着口や駅の改札口に降り立ってから一五～二〇分もあれば手続きが終わってハンドルを握れるようになるが、オンシー

注5　新幹線車両に大型の荷物置き場がないことは、外国人旅行客から常に指摘される大きな不満となっている。

注6　二〇一九年一〇月に首里駅から浦添《うらそえ》市のてだこ浦西《うらにし》駅まで延伸予定。

ズンの両空港では、一時間以上かかるのはざらで、それより待たされるケースも少なくない。私自身、那覇空港に降り立って、レンタカーを借りる手続きが終わるまで一時間半もかかり、出発予定時間を大幅に過ぎてしまった経験がある。

近年では、都市モノレールで空港と結ばれる那覇の新都心「おもろまち」に主要レンタカー会社がオフィスを構えるため、那覇より北へ向かうのであれば、モノレールの乗車時間を含めてもそちらの営業所を利用したほうが早く車を借りられる。また、最近は「那覇空港に近い」ことがレンタカー会社の最大の売り文句となっていて、オンラインの比較サイトでは通常なら「価格順」で表示される並べ替えが「空港から近い順」という検索が可能になっているほど、レンタカーに乗るまでの時間が重要になってきている。

「観光公害」とまでは言いきれないが、ビジネスや家庭の事情など観光以外の目的で利用する場合も、観光利用の集中で起きるこうした特殊事情を理解したうえで対策を立てておく必要がある。ちなみに、新千歳空港で借りる場合でも、その後の行先にもよるが、新千歳空港の営業所で時間を取られるよりも、各社の営業所が揃う新札幌駅までＪＲを使って移動したほうが早く借りられることが多い。

「外国人運転中」

最近、日本の営業所でレンタカーを借りようとすると、自分の前に何組も外国人観光客が手続きをしているケースに遭遇することが着実に増えている。また、いくつかの事業者の営業所では、「外国人運転中」と書かれたステッカーが置かれているのを目にした。初心者が運転していることを示す若葉マークや高齢者を示す紅葉マークのように、外国人が車を借りたら、外国人が運転していることがわかるように車に貼るために用意されているものである。

レンタカー会社が用意した「外国人運転中」のステッカー

外国人のレンタカー利用については、地域や期間を限定した様々な統計が取られている。総務省近畿管区行政評価局が二〇一八年一一月に発表した報道資料によれば、関西空港を利用して入国してレンタカーを利用した訪日外国人は、二〇一四年の四万二八〇〇人がわずか二年後の一六年には九万九一〇〇人と二・三倍に増加している。また、同時期の全国の外国人レンタカー利用者による死傷事故は二八件から八一件へと二・九倍に増えており、関空と全国の数字なので単順には比較できないが、利用者数の増加率よりも若干《じやっかん》、事故件数の増加率のほうが上回っているようだ。

ほかの統計を見ると、軽微な事故もカウントすれば、外国人レンタカー利用者の事故はかなり多くなるが、大半はミラーやバンパーをこすった程度の「対物接触」である。通行帯が左右逆である韓国や台湾（中国は国際運転免許証が認められるジュネーブ条約未加盟のため、原則として中国の免許証では運転できないので言及しない）の利用者が対向車と接触しないよう左の歩道側に寄って運転するため、ミラーが電柱や標識などに接触するケースが多いようだ。

もちろん、これだけ一気に外国人ドライバーが増加すれば、日本のルールや道路標識の啓発・周知は必要だし、様々な注意喚起をもっと行なっていくべきであろうが、自分が海外で運転する際に特別扱いを受けることがないことを考えると、あまり神経質になるのもどうかという気がしないでもない。

私は五〇回以上海外でレンタカーを借りているが、日本語どころか英語のものであっても慣れない外国人向けの安全への注意喚起のようなものはもらったことがないし、まして外国人用のステッカーなど見たこともない。それに日本とは逆の右側走行の国で、普段日本で乗っているオートマティック車ではなくマニュアル車[注7]を運転するケースはきわめて多いが、一度も事故を起こしたことも起こしそうになったこともない。不慣れな分、いつもより慎重にハンドルを握っているせいかもしれない。

レンタカー会社の方にヒアリングすると、日本と外国で習慣が違うためにトラブルになる代表的な例は「ガソリンの満タン返し」だという答えが多い。日本のレンタカー会社では車両の返却時に燃料をいっぱいにしたうえで車を降りるのが原則となっている。しかも最近は以前より厳しくなっており、営業所の最寄《もよ》りのガソリンスタンドが指定され、そこで燃料を入れたことを証明するため、ガソリンの領収書の提示まで求められる。ところが、一般に海外ではフルでの返却を求められても、多少の誤差はまったく気にしないし、私自身借りた段階で、すでにインジケーターが満タンを指していないことがしばしばある。と言うより、そもそも満タンにすることをまったく求められないほうが多い。

注7　今でもヨーロッパではマニュアル車がかなり走っており、レンタカーもオートマを指定しないと、マニュアル車になる確率が高い。

そんな国から来た方たちは、日本でも同じ流儀を貫《つらぬ》く。走行距離が五〇km程度だとメーターの表示上ではほとんど減っていないので、ガソリンを入れないで返そうとする。「満タンで返してください」と言っても、「針はほとんど変わっていないじゃないか」と理解されないことがあるという話を何カ所かで聞いている。

「観光公害」と言うほどの深刻さではないが、二〇一七年から外国人向けに高速道路を格安で利用できるパスが販売されて、一層利用増に拍車をかける施策が取られていることを考えると、レンタカーや高速道路をめぐるインバウンドの課題はより顕在化してくる可能性が高そうだ。

クルーズ船が寄港しても、地元にお金が落ちないのはなぜ?

第二章でも触れた九州各地を中心に寄港が続く大型クルーズ船。博多港や長崎港では寄港しない日のほうが少ないというほど、クルーズ船は日常の風景になろうとしている。真っ白な巨大な船体が桟橋《さんばし》に横付けされていると、なんとなく浮き浮きした気分にさせられるが、このクルーズ船は見た目の華やかさとは逆に、実は地元の経済にあまり寄与していない。

と言うのも、クルーズ船は通常、夜間に航海し、朝各地に入港して夕方ふたたび次の目的地へと出航する運航形態がほとんどである。朝食は船内のレストランで食べるし、夕飯も観光から帰ってきて船内で摂《と》る。寝るのももちろん船内である。観光で地元にお金が落ちるのは宿泊、飲食、ショッピングがメインだが、そのうちの二つは船内でほぼ済んでしまうのである。とはいえ、船が一隻《せき》着けば昨今の大型船では一〇〇〇人を優に超す乗客が上陸する。彼らが町中に散っていけば大きな経済効果を生むように思えるが、実際にはクルーズ船の上陸プランでは、団体でバスを仕立てその客が一斉に移動して特定の立ち寄り先へ直行する。

二〇一九年一月に長崎で講演があったので、市内で様々な方にお話を聞いた。例えば、二〇一八年に世界遺産に登録され、日本人観光客が増えた長崎市内の構成資産である「出津《しつ》教会堂」や「大野教会堂」には、二日に一度は入港するクルーズ船の観光客はまったく立ち寄っていない。長崎港からの公共交通機関が不便だということもあるが、そもそも彼らは下船したらすぐにバスに詰め込まれ、長崎市内ではなく、近隣の諫早《いさはや》市や大村市にある外国人客専用の商店に直行し、そこで思いきり買い物をする。昼食も特定の団体向けの店で摂るので、市内のあちこちでクルーズ船客が散策を楽しむということはあまりない。

また、バスの移動と言っても、五〇人が乗れる大型バスでも乗客が二〇〇〇人いれば四〇台が必要になる。これらのバスが広いとは言えない埠頭に並び、列をなして市街に乗り入れれば、それだけで渋滞が発生する。素人目には、こんなに大きなクルーズ船が頻繁に着岸すればさぞかし町は潤《うるお》うだろうと考えてしまいがちだが、それは短絡的すぎるようなのである。

最近では、クルーズ船の誘致の施策も、単に入船数を増やすのではなく、いかに地域の人々の生活を脅《おびや》かさずに有効にお金を落としてもらうかに移ってきている。もちろん「オーバーツーリズム」の観点からは、大量の観光客が街に繰り出さず、バスで特定の店に行き、市民の生活と交わらないほうがよいのかもしれないが、そうなれば何のために船がやってくるのか地元の人には意味がわからなくなる。「クルーズ・バブル」に終わらせないための知恵が試されている。

一気に進む先島《さきしま》諸島のインバウンド・リゾート化

ここ数年の国内のクルーズ船の寄港地トップ一〇には、横浜・神戸の二大港と博多・長崎など九州本土各地の港のほかに、平良《ひらら》港（宮古島《みやこじま》市）と石垣《いしがき》港（石垣市）がランクインしている。先島諸島を代表するこの二つの島も、近年観光公害に見舞われている典型的な観光地と言える。

宮古島の観光客の入込数《いりこみすう》（観光地を訪れる人の数。観光入込客数とも）は、二〇一一年にはおよそ三三万二〇〇〇人だったのが、七年後の二〇一八年にはついに一〇〇万人を超えて、およそ一一四万三〇〇〇人へと三倍以上に増加した。うち、空路での入込が六八万九〇〇〇人、海路が四五万四〇〇〇人である。海路はほぼすべてクルーズ船であり、そのうち半数近い一九万九〇〇〇人を中国人観光客が占めている。空路では中部国際空港からの路線が二〇一八年に通年化したことと、同じ一八年に福岡空港からの季節便も運航を始めたことが寄与している。

宮古島は、トライアスロン、マラソン、自転車レースなどが盛んで、マリンリゾート以外のこうしたスポーツイベントの隆盛もあって、観光客の他にもこうしたイベントへの参加者に加え、移住希望者も増加している。しかし、こうした状況を受けて、京都同様、家賃が高騰し、移住者や長期出張者が住もうと思っても高すぎて借りられない、あるいは物件そのものが見つからない状況となっている。宮古島ではさらに大型のクルーズ船が着岸できるバース（停泊場所）が建設中であるし、二〇一九年三月三〇日には、宮古空港に続く第二の空港が宮古島と伊良部《いらぶ》島を介して橋で結ばれる下地《しもじ》島に開港した。以前は、JALやANAなどの航空会社の発着訓練が行なわれていた空港が、観光需要の高まりもあって民間の航空路線が就航する空港としてリニューアルオープンしたものである。開港と同時にジェットスター・ジャパンの成田便が就航したほか、すでに同社の関空便と香港エクスプレスの香港便就航（ともに同年七月の予定）も決まっている。

急激な観光客の増加が地域に影響を及ぼし始めている一方で、さらなる観光客の受け入れ態勢が着々と整備されようとしている状況は果たして健全と言えるのか。土地や資源が限られる離島ゆえに、宮古島のオーバーツーリズムの課題はさらに顕在化してきそうである。

石垣島も同様の問題を抱えている。沖縄県八重山《やえやま》事務所が発表している八重山入域観光客数（石垣島以外の西表《いりおもて》島、竹富《たけとみ》島、波照間《はてるま》島、与那国《よなぐに》島などを含む。ただし、これらの島へは石垣島を経由しないと行くことができないので、石垣島への訪問客数の趨勢を示していると見なすことができる）は、二〇一一年のおよそ六六万人から一八年のおよそ一三八万人へと倍増した。二〇一三年に新石垣空港（「南ぬ島《ぱい》石垣空港」）が開港し、羽田、成田、中部、関空、福岡、台北、香港へと空路が拡大したことも観光客の増加に大きく貢献している。

しかし、石垣島の米原《よねはら》ビーチや波照間島のニシビーチでは、観光客の増加でサンゴが壊滅状態と言われているし、石垣島随一の景勝地、川平《かびら》湾もほぼ年中混雑が常態化している。新石垣空港も搭乗客の増加でチェックインの大行列が常態化するなど、こちらも空路や海路の充実に島のインフラが追い付いていない状況だ。だが、インフラの整備に力を入れれば入れるほど、今度は島の貴重な自然や景観に影響が出かねない。八重山諸島の一つ、西表島は二〇二〇年の世界遺産委員会で、「奄美大島、徳之島、沖縄本島北部及び西表島」の主要な構成資産として世界自然遺産への登録の審議が予定されている。登録されれば、西表島もその玄関となる石垣島も、さらなる混雑に見舞われる可能性が少なくないだろう。

ゲレンデが外国人で埋まる

日本で外国人の姿の多さに驚くのは、何も京都や大阪だけではない。日本は世界有数の豪雪地帯で、なおかつ場所によっては良質のパウダースノーが楽しめるため、以前から日本のスキー場目当てにやってくる外国人スキーヤーは一定数存在した。

その嚆矢《こうし》は北海道のニセコアンヌプリ周辺のスキー場であろう。二一世紀に入ったあたりから、ニセコにはオーストラリアを中心に外国人のスキーヤーが増え（二〇〇〇年度に倶知安町《くっちゃんちょう》に宿泊したオーストラリア人観光客はわずか三二四人だったが、四年後の二〇〇四年には四二〇一人へと激増している）、今では外国人向けのホテルや飲食店だけではなく、外国人が経営するコンドミニアムや彼らが購入する住宅などが並び、まるで本場アルプスのスキー場にいるような錯覚に陥《おちい》るスキーリゾートとなっていた。二〇一八年の地価公示では、全国の地価上昇率の一位から三位までが、ニセコに隣接する倶知安町であった。ホテル需要、住宅需要が地価を押し上げていることが想像される。倶知安町では、冬場にスキー場でレジャーを楽しんだり、そこで働くために長期滞在する外国人が多く、二〇一七年現在、冬場では倶知安町のおよそ九〇〇〇世帯のうち一四〇〇世帯が外国人となっている。外国人の旺盛な住宅需要が倶知安の地価上昇を支えているのだ。

この日本のスキー場と外国人の関係に近年大きな変化が起きている。欧米人ではなく、これまでスキーにはあまり縁のなかった中国人がスキーに目覚め、豊富なスキー場が並ぶ日本にやってくるようになったのだ。これには、二〇二二年に、中国で初めて北京で冬季オリンピックが開催されることが背景にある。中国国家体育総局は、二〇二五年までに中国のスキー人口を三億人に増やす計画を掲げている。

中国は日本よりもはるかに寒い地域が北京やその北部及び内陸部に連なっているが、積雪量は日本ほど多くない。猛烈な勢いで各地にスキー場が建設されつつあるものの、まだまだ日本のスキー場の設備や雪質にはかなわない。五輪決定でスキーなどウインタースポーツへの関心が高まっている中国では、おりからの日本旅行ブームも重なって、日本のスキー場の利用者が急増しているのだ。その最大の目的地は長野県。中でも、一九九八年の長野五輪でジャンプ競技の会場となった白馬《はくば》が、今中国人スキー客の聖地になっている。

大町《おおまち》市・白馬村・小谷《おたり》村の一〇のスキー場で構成する「ＨＡＫＵＢＡ ＶＡＬＬＥＹ索《さく》道《どう》事業者プロモーションボード」では、このスキー場群を二〇一七～一八年に訪れた外国人は、対昨シーズン比で四五％増の三三万人あまりとなり、中国・欧州からの増加が顕著であると分析したプレスリリースを発表している。

日本人のスキー客の落ち込み傾向が長年続いてきただけに、スキー場にとっては「救世主」となっているが、ニセコ周辺のように、ゲレンデ内だけでなく町全体が一気に「国際化」していくことが地元住民にとってどう感じられるのか、手放しで喜べる状況とは言えないように思う。

落ち着いた文教都市・鎌倉《かまくら》の変貌

湘南《しょうなん》の入口であり、中世に都が置かれて多くの名刹《めいさつ》が点在する鎌倉。相模《さがみ》湾と穏やかな山並みに囲まれて戦前から多くの文化人が移り住み、文教都市として東京近郊では「住んでみたい憧れの町」の一つが、この古都鎌倉であると言っても異論はないであろう。それくらい鎌倉の住環境の良さはよく知られている――いや今では「いた」と過去形で言いきったほうが良いかもしれない。

鎌倉市観光課のデータによれば、鎌倉市への入込観光客数は、二〇一七年の数字で二〇四二万人。多少の増減はあるものの、ここ一〇年ほどこの数字は変わっていない。三方を山に囲まれて平地が少ないこの地に二〇〇〇万人を超える観光客が殺到することにより、道路の渋滞、生活の足である鉄道の混雑、生活の場への観光客の闖入《ちんにゅう》といった問題が恒常的に起きているため、「憧れの町」は、今、日本でも有数の観光公害の町へと変わってしまった。

鎌倉は周囲を山と海に囲まれていることから、市街地へ入る道路が限られる。海岸沿いの国道一三四号線を除けば、北鎌倉から建長寺《けんちょうじ》を経て鶴岡八幡宮《つるがおかはちまんぐう》に抜ける県道、横浜横須賀道路の朝比奈《あさひな》インターチェンジから十二所《じゅうにそ》、浄明寺《じょうみょうじ》を抜けて市街地に入る県道、そして藤沢《ふじさわ》から長谷《はせ》観音へ抜ける県道の三本ほどしか幹線道路がなく、休日にはこれらの道路が慢性的に渋滞し、外出しようとする市民の移動の妨げになっている。

さらに問題となっているのが、鎌倉の街を貫く江ノ島《えのしま》電鉄、通称「江ノ電」の大型連休やアジサイ、注8 紅葉シーズンの激しい混雑ぶりである。市民の貴重な移動手段であるだけでなく、由比《ゆい》ガ浜、長谷、七里《しちり》ガ浜、江ノ島と、この鉄道沿いに観光地が連なるため、観光客が殺到し、始発の鎌倉駅では混雑時は改札口の手前で乗客が大行列を作るのが日常茶飯事になっている。大型連休や紅葉時の土日は、「外出してもろくなことがない」という認識が鎌倉の住人の間で定着しつつあり、せっかく静かな環境を求めて住まいを構えたのに、裏切られているという思いを持つ住民は少なくない。

世界遺産に賛成できない状況に

鎌倉は、市街地に点在する名刹や武家政権の遺構を世界遺産に登録することを目指して

注8　あじさい寺の別名で知られる明月院《めいげついん》をはじめ、長谷寺、御霊《ごりょう》神社など鎌倉にはアジサイの名所が多く、六月の花のシーズンはかなり混雑する。

きた。一九九二年という比較的早い段階で、世界遺産の予備軍とも言える「世界遺産暫定リスト」に記載され、二〇一三年のユネスコ世界遺産委員会で登録の可否が審議される予定であった。ところが、ユネスコに登録の可否を諮問《しもん》する専門機関であるイコモス（国際記念物遺跡会議）から、武家政権の存在を証明する都市計画などの遺構が資産に含まれていないなどの理由で「不記載」、つまり世界遺産の登録にはふさわしくないという勧告を受けたことから、推薦を取り下げ、あらためて再提出を目指すこととなったという経緯がある。

世界遺産の登録を目指す運動は今も日本各地で繰り広げられているが、行政や地元企業が旗を振るだけでなく、地元の住民もその運動に理解を示す地域が少なくない。しかし、鎌倉では市民がこぞって世界遺産への登録を支持するという状況にはなっていない。不記載の勧告が出たのちに市民団体が行なった市民へのアンケートでは、半数以上が登録には反対で、その理由として「交通量の増加に伴う渋滞の激化」や「観光客激増による混雑」が挙げられている。今でさえ、観光客により市民生活に影響が出ているのに、これ以上観光客が増えることには耐えられないと考える市民が少なくないのだ。そんな背景もあって、鎌倉の世界遺産登録運動は、足踏み状態が続いている。

鎌倉市では、観光客から市民生活を守るために、様々な施策に取り組んでいる。二〇一九年四月からは、主に観光客を対象に、混雑する場所での食べ歩きや車道での写真撮影などの迷惑行為を禁止する「鎌倉市観光マナーの向上に関する条例」が施行された。人ごみの中でソフトクリームや団子などを歩きながら食べる観光客により衣服を汚されたり、人気漫画の聖地となっている江ノ電の踏切付近の車道での写真撮影で車が通行できないという苦情が多数寄せられたりしたためである。

一方、市民生活に影響を及ぼす江ノ電の混雑緩和については、市民を観光客に優先して乗車させる社会実験が続けられている。これについては、同様の事例をまとめた第五章であらためて取り上げたい。

ホテルは必要？　白川郷《しらかわごう》

日本の世界遺産登録地で、観光客の増加で住民の生活に影響を及ぼしてきた顕著な例が、「白川郷と五箇山《ごかやま》の合掌造り《がっしょうづく》集落」に登録された岐阜県白川村の荻町《おぎまち》地区である。山間僻地《へきち》であった川沿いの狭い平地に忘れられたようにたたずむ大型の民家群は、一九九五年の世界遺産登録で一気に知名度が上がった。村に近接して愛知県と富山県を結ぶ高速道路が開通し、至近距離にインターチェンジが建設されたこともあいまって、観光客が激増。生活道路に観光客が乗る車やバスが入り込んで、村人が車を出せなくなったり、傍若無人な観光客が勝手に住民の敷地に入り込んだり、個人宅にトイレを借りようとしたりして、世界遺産登録が引き起こす負の現象の象徴として幾度もメディアで取り上げられた。

観光用の駐車場を村の中心部から離れたところに設けたり、繰り返し観光客へのマナーを周知徹底させたりして、住民と観光客との共存が図られつつあったこの白川郷に、二〇一九年三月、集落に接するように大型ホテルが開業した。村には民宿などを中心に二〇軒以上の宿泊施設があるが、どれも規模が小さく、宿泊する観光客のほとんどが施設の整った高山《たかやま》市や金沢市のホテルや旅館を選んでいた。せっかく多くの観光客が押し寄せても、宿泊してもらえないと村にお金は落ちない。何とか村に大型の宿泊施設を誘致したいと白川村は、ホテル経営の実績のある企業と交渉を続け、建設が決定。世界遺産登録から二四年を経て、ようやく白川郷を代表せんとするホテルが誕生したのである。

しかし、このホテル建設は、白川村の人々全員から歓迎されたわけではない。荻町地区では合掌造りの住宅を利用して民宿を経営する家庭が多く、大きなホテルができれば当然影響を受けることになる。観光客の利便性や地域のイメージ、企業の経済性、そして住民

世界遺産・白川郷の荻町地区（2011年4月）

の暮らし。どれかを優先すれば、どこかにしわ寄せが行く。
　白川郷は能登半島から富山県、岐阜県を縦断して愛知県に至る「ドラゴンルート（昇竜道）」と名付けられた広域観光ルートの沿線にあたり、インバウンド向けに推奨されていることもあって、外国人観光客が相当のペースで増えている。二〇一七年の白川村への入込客数は一七六万一〇〇〇人。うち、日本人は一一〇万九〇〇〇人（対前年比マイナス九％）に対し、外国人観光客は六五万二〇〇〇人（対前年比プラス九％）に達している。実に村にやってくる観光客の三七％が外国人となっており、村へ宿泊する外国人も前年比二割以上増加するなど、急速な「インバウンドシフト」が進んでいる。

観光客の四割近くが外国人というのは、京都市をはるかにしのぐ高密度であり、滞在日数が長い外国人に村に泊まってもらおうという戦略は十分理解できるが、ここでもその施策が行き過ぎないかどうか、外国人頼みに完全に軸足を移してもよいのか、考えさせられる状況となっている。

世界自然遺産とオーバーツーリズム

これまでは、観光客が主に地域住民の生活に与える悪影響を「観光公害」の具体例として挙げてきたが、一般に「オーバーツーリズム」の典型例として取り上げられるのは、大勢の観光客が訪れることにより、その地域の豊かなあるいは繊細な自然に悪影響を及ぼす現象であることが多い。

そのわかりやすく、矛盾に満ちた例がユネスコの「世界遺産」のうち、地球が育《はぐく》んだ貴重な生物相や自然景観を後世に伝えるために制度化された「自然遺産」である。ちなみに世界遺産は「文化遺産」「自然遺産」「複合遺産」の三つに分類される。

現在、日本には「屋久島《やくしま》」(鹿児島県、一九九三年登録)、「白神山地《しらかみさんち》」(青森・秋田県　一

屋久島の縄文杉への登山ルート（2010年12月）

九九三年登録）、「知床《しれとこ》」（北海道　二〇〇五年登録）、「小笠原《おがさわら》」（東京都　二〇一一年登録）の四件の自然遺産があり、さらに二〇二〇年のユネスコ世界遺産委員会で前述した「奄美大島、徳之島、沖縄本島北部及び西表島」（鹿児島県、沖縄県）の登録の可否が審議される予定である。

また、二〇一三年に登録された「富士山」（静岡・山梨県）は、文化遺産としての登録だが、登山者による富士山そのものへの影響は、まさに自然遺産における課題と同様の内容なので、この項では富士山も含めて課題を整理したい。

「自然遺産」は、文字通り、放置しておけば開発や損壊の対象になりかねない人類の貴重な自然環境を守ることを目的として登録されるものであるが、皮肉なことに世界遺産への登録で知名度が上がったり、今まで知られていなかった魅力が増すことで、観光客が増加し、結果として守るべき自然環境に重大な脅威を与えかねないという事態が繰り返し生じてきた。

例えば、九州の南方海上に浮かぶ屋久島は、世界遺産登録前までは誰しも気軽に訪れる観光地ではなく、登山家や離島好きのごく限られた一部の人しか、旅先として考えなかった島である。ところが、世界遺産に登録されて状況が一変した。縄文杉などの神秘的な巨樹群や、宮崎駿《みやざきはやお》監督が何度も足を運び、インスピレーションを得てジブリ映画『もののけ姫』に登場したとされる水豊かな森、白谷雲水峡《しらたにうんすいきょう》などが一気に大衆化し、軽装の老若男女のハイカーが島を目指すようになった。

とはいえ、屋久島は九州最高峰を抱え本格的な登山の装備が必要であり、縄文杉へは車を降りてから徒歩で往復一〇時間の山道を歩かなければたどり着けない。こうした屋久島の自然の厳しさも、そして登山の基本的なマナーもあまり知らない観光客が島に入るようになり、屋久島の森は一気に危機に陥った。大型連休などに登山客が集中し、数少ない登山ルートのトイレに大行列ができて、待ちきれない人が屋外で用を済ませたり、狭い登山道の渋滞で決められた登山道を外れ、貴重な屋久杉の根を上から踏みつけてしまったりするなど、これまでになかった被害が報告されるようになった。「世界遺産」の登録そのものが、その理念とは裏腹にオーバーツーリズムを引き起こしたのである。

「入山料」による規制

こうしたことから地元では、登山ルートのトイレの整備やその他自然環境を守る経費に充《あ》てるため、「山岳部環境保全協力金」を二〇一七年三月から導入、日帰り入山の登山者からは一人一〇〇〇円、山中に宿泊する登山者からは二〇〇〇円の経費負担を課すようになった。この「入山料」問題は、導入までに一〇年以上にわたってその可否や徴収方法などを議論し、ようやくこぎつけるに至ったほど紆余《うよ》曲折《きょくせつ》を経たうえでの施策であった。

また、富士山でも世界遺産登録前から夏の時期に登山者が集中してトイレの整備が追い付かない状況だったため、登録された夏から入山料（正式には「富士山保全協力金」）の徴収を試験的に導入、二〇一九年夏からは山頂を目指す登山者だけでなく、五合目から先に立ち入る観光客からも一人一〇〇〇円を徴収する方針へと対象を拡大することとなった。

これらのいわゆる「入山料」は、環境整備のための資金を受益者から集めるという目的

富士山吉田口五合目。この先は入山料が必要（2012年8月）

のほかに、有料にすることで登山者を抑制する効果も期待されている。しかし、一〇〇〇円〜二〇〇〇円程度では、富士山に登りたい、縄文杉を見たいという強い意志を持った登山客の抑制にそれほど効果を上げているとは言いがたい。また、屋久島でも富士山でも、入山料は「任意」であり、払わなかったからと言って入山を拒否されるわけではない。実際、徴収率は登山者全体から見て、どちらも五割程度あるいはそれ以下となっており、必ずしも十分な効果を上げていない。

アメリカの国立公園、特に世界自然遺産となっているところでは、公園のゲートで入園するすべての人から入園料を徴収しているケースが多い。二〇一九年三月に訪れたハワイ火山国立公園では、レンタカーを利用したため、「車一台二五ドル」（およそ二八〇〇円）の入園料を支払った。もし車を使わず、徒歩や自転車の場合はおよそ半分の一二ドルである。このゲートを通らないと、活発な火山活動を繰り広げる火山地帯の核心エリアに入れないので、観光客に対する徴収率はほぼ一〇〇％である。

また、環境保護団体「ナショナル・トラスト」が管理する英国・北アイルランドの世界自然遺産「ジャイアンツ・コーズウェイ」では、二〇一三年に訪問した際に海岸への入場料として一人九ポンド（およそ一五〇〇円）を支払った。日本では、登山や国立公園に入るだけなら「無料」という感覚が強いが、環境整備等のために費用を徴収するところは少なくないのである。

不便なアクセスが「観光公害」を防いでいる小笠原

東京都小笠原村。東京を起点にして、ニューヨークまで航空機で一四時間余り。さらに遠いメキシコシティへの直行便は成田からおよそ一六時間。それよりも時間距離にしてさらに遠い二四時間かかり、しかも毎日便があるわけではなく、通常は六日に一便しかない定期船がほぼ唯一のアクセスという、「たいていの海外よりも行きにくい島」が、この小

図表4　小笠原村への入込客数の推移

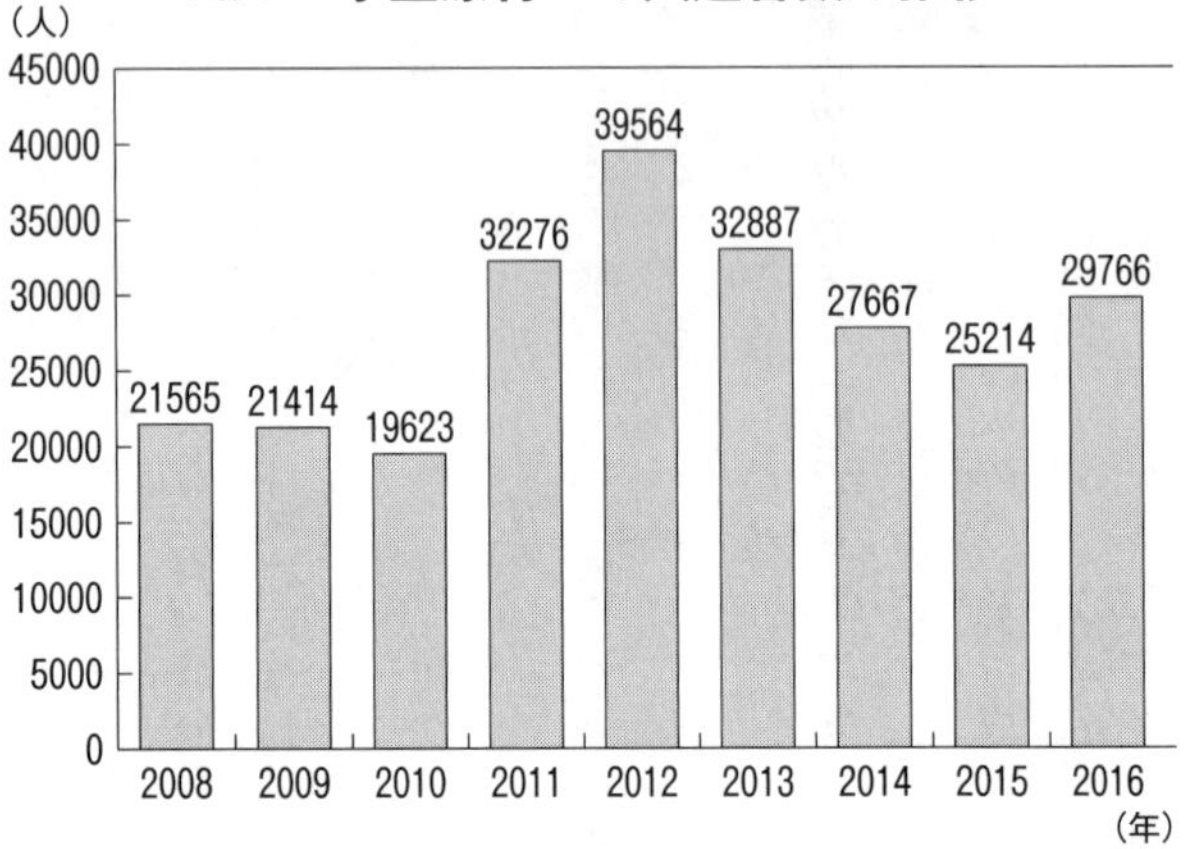

出典：国土交通省

笠原諸島であり、二〇一一年に世界自然遺産に登録されて、観光地としても脚光を浴びるようになった。図表4は、年度ごとの小笠原への入込客数である。

これを見ると、ここ一〇年で二度、観光客が増加に転じた節目《ふしめ》がある。一回目は、世界遺産に登録された二〇一一年。前年の一万九六二三人から三万二二七六人へと、およそ六四%も入島者が増えている。ほかの世界遺産登録地でも見られる、いわゆる「登録効果」が顕著に現われた一例である。

その翌年の二〇一二年をピークに減少傾向が続くが、二〇一六年にふたたび一八%増加している。この年の七月、本土と島を結ぶ唯一の定期航路に新造された三代目の「おがさ

東京・竹芝と小笠原・父島を24時間で結ぶ「おがさわら丸」。3代目として新造され、2016年7月に就航。それまでの所要時間を1時間30分、短縮した。主流の「2等寝台」クラスは2019年5月現在で片道26,850円。旅客定員は892人。母島へは父島で「ははじま丸」に乗り継ぐ（2019年3月）

わら丸」が新たに就航、所要時間の短縮と旅客定員の増加が図られたことが大きな要因である。

小笠原村産業観光課へのヒアリングによれば、それまで、東京・竹芝埠頭《たけしば》〜父島・二見《ふたみ》港の所要時間は二五時間半であったが二四時間に短縮、たった一時間半だが「一日以内」に収まったことの心理的効果は大きかった。また、カーテンで仕切られてプライバシーが確保される二段ベッドの「二等寝台」のクラスが主流になるなど、従来の「船旅は雑魚《ざこ》寝《ね》」のイメージは一掃されて船内の快適性も増し、以前小笠原を訪れたことのある人も新しい船でもう一度訪ねてみたいという需要を喚起するなどして増加に転じ、その後も好調を維持し続けている。

小笠原の観光資源としては、海水浴やシュノーケリングのほか、ダイビングやシーカヤック、ホエールウォッチング、ドルフィンスイミングなどの海のレジャーに加え、南島・千尋岩《ちひろいわ》（ハートロック）・母島の石門《せきもん》といった、ガイドが同行しないと入れない世界遺産登録地域の散策・トレッキング、第二次大戦の戦跡めぐりなど多彩な楽しみ方があり、往復の時間的ハンディや、アクティヴィティの多くが体力を要するものでありながら、一定の観光客数を獲得している。

船のキャパシティと運航スケジュールの抑制効果

「観光公害」という視点で見る限り、小笠原は脆弱な「小さな離島」という地理的ハンディを抱えながら、仕組みとしてオーバーツーリズムを抑える機能がうまく組み込まれているということを、二〇一九年三月に実際に訪れてみて痛感した。

小笠原へのアクセスは、ほぼ六日に一便の定期船と大型クルーズ船の寄港という二つのルートに限られる。定期船の旅客定員は八九二人。つまり、不定期に寄港するクルーズ船を除けば、これ以上の観光客は島に入ることはできない。また、もう一つの制約は宿泊施設のキャパシティである。小笠原村で宿泊できるのは、父島が六四の宿泊施設におよそ一〇〇〇人、母島が一三の施設でおよそ一七〇人。島内でのキャンプは禁止されているので、観光客はこのいずれかに泊まらなくてはならない。船の定員よりも宿泊施設のほうがキャパシティは多く見えるが、定員四人の部屋に必ずしも四人が宿泊するということはなく、二人だったり三人だったりするので、「おがさわら丸」が観光客でほぼ満員の場合、実際には宿が取れなくなっている。つまり、実際の島の受け入れ可能人数は船の定員を下回っているのである。

また、観光客の大半は、一航海（船内泊二泊を含む五泊六日）で島を往復する。二航海滞在すると一一泊一二日となってしまい、特別な目的がない限り日本人の一回の旅行としては長すぎてしまうからである。例えば、東京を日曜日に出発する船に乗ると、現地には翌月曜日の午前一一時に到着。次に船が父島を離れる木曜日まで、月・火・水と三泊することになる。島の宿泊施設はこの三泊に宿泊者が集中するし、ツアーを主催する観光業者も観光客目当ての土産物店やレストラン・カフェなども、月曜の昼前から船が出航する木曜日の午後までが「稼働日」ということになる。そして、この日程の場合、木曜午後に船が東京に向けて出港してしまえば、島内の観光客は極端に少なくなり宿泊施設も土産物店もほぼ休業状態となる。

これは、ビジネス上はきわめて条件の悪いサイクルである。宿泊施設で言えば、満室かほぼそれに近い忙しい日が三日続いたかと思うと、その後の三日間は客が泊まらずに閑古《かんこ》鳥《どり》が鳴き、また忙しい三日がやってくる。もし従業員を雇っていたら効率の悪い働き方をさせることになるし、交替制も敷《し》きにくい。ある時期は全員が忙しく、ある時期は全員が暇になってしまうからである。そのため、小笠原の宿泊施設は多くが従業員を雇わなくて済む家族経営である。私が泊まった民宿も、基本的には経営者一人で、部屋の準備や掃除、客の送迎、朝夕食の調理・配膳《はいぜん》をこなしていた。

宿泊している間にその経営者にヒアリングを行なったところ、「家族経営であれば、船の出入港のスケジュールに合わせたこのサイクルは、オンとオフがはっきりしてきちんと休めるので、とても都合が良い」と話してくれた。宿泊客がチェックアウトしても、タオルやシーツを洗って交換したり、次の宿泊者の食事の仕込みをしたり、プライベートな用事を済ませたりするには、何日かのオフがあったほうが良い。もし、大勢の従業員を雇おうとしても、客の集中と閑散が三日おきにあるとローテーションが組みにくい。結果として、小笠原には大手資本の宿泊施設やレジャー業者はほぼゼロである。定期船には大手旅行会社のツアーもあり、一〇〇人程度は収容できる宿泊施設があっても良さそうな気がするが、小笠原で最大の定員の宿泊施設はわずか四〇人、大半が一〇人〜二〇人程度の小規模な施設ばかりである。

また、東京から往復ともに一昼夜かかる長旅であることや、台風シーズンになれば欠航などスケジュール変更も珍しくない長距離の船旅は、人数、つまり「量」だけでなく、ある程度覚悟を持った観光客しか受け入れない、ある種の「質」の選別を行なっているとも考えられる。

参加したツアーのガイドに話を聞いても、「夏休みや春休みは大学生などが多くやってくるが、目的を持ったしっかりした学生が多い」との答えが返ってきた。ショッピングやグルメなどが目的の、同じ太平洋の島である、例えばハワイを訪れる観光客の幅広さとは、明らかに客層が違うのだという。私自身も四日間島に滞在し、民宿や観光ツアーで滞在客と一緒に過ごしたことで、その言葉がほぼ的を射ていることを実感した。

小笠原村は交通アクセスが不便な離島であるにもかかわらず、人口はほぼ横ばいか微増傾向にある。二〇〇八（平成二〇）年で二三五八人、一三年に二五〇九人、一八年に二六一〇人となっており、都営住宅などの賃貸住宅も満室で住宅事情は逼迫《ひっぱく》している。新たな宿泊施設やその従業員のための寮などを建設することもきわめて難しい状況にあり、先述のように定期船の出入港に観光客の動向が大きく制約されることからも、観光客の大幅な増加もありえず、小さな島のキャパシティに合致した持続可能な観光動向となっている。

島民の悲願——空港開設

このようにオーバーツーリズムの心配がきわめて少ない、ある意味では優等生の小笠原諸島にも二つの課題がある。

一つは、小笠原空港の建設問題である。「おがさわら丸」で二見港に入港し、目の前のターミナルに掲げられた横断幕、そして村役場の建物に大きく掲示された横断幕。どちらも「小笠原空港の早期開港‼」と力強く書かれている。東京までの空路は島民にとっては悲願と言ってよい永年の懸案である。小笠原村には父島と母島に診療所があり一定の設備を備えているが、島内の医療機関では処置や治療が困難で生命に危急に重大な影響があるケースなどでは、内地への移送に海上自衛隊の飛行艇の出動を要請している。二〇一七年度には二五件、二八人の患者が救急搬送された。空港の開設は、こうした生命にかかわる事態のために欠かせないものだと認識されており、二〇〇八年の村民へのアンケートでも

「小笠原空港の早期開港‼―自然環境と調和の取れた空港を―」。
小笠原村役場に掲げられた空港建設の横断幕（2019年3月）

回答者の七割強が航空路を必要と意思表示している。

　空港の話が持ち上がると当然、懸念が示される。それは、観光客が空路で気軽に来島できるようになると観光客が一気に増加し、島の観光化・俗化が進んだり、後述する貴重な自然環境に深刻なダメージを与えたりするのではないかという心配である。片道二四時間の船旅を乗り越えてくる覚悟のある、言い換えれば小笠原の自然環境の維持・保護にある程度理解を示す現在の観光客層が、リゾート気分で訪れる層へと広がることへの懸念も当然あろう。

　しかしながら、島内の大部分が国立公園であり世界遺産登録地である小笠原に、自然環境に重大な影響を及ぼす長い滑走路を持つ空港は造れないし、私が島で取材した島民の多くも、空港はあくまで緊急時に迅速《じんそく》に内地へ発着できるためのもので、観光客は今まで通り、二四時間かけて船で来るスタイルは変わってほしくないという思いであった。もちろん、やり手の観光業者の中には、航空路開設による観光客の増加を望む声もなくはないが、持続可能な観光という視点からすれば、そして島の環境や地勢から冷静に判断すれば、空港や航空路線は島民の移動に特化した限定的な運用でまずは始めるのが妥当というのが、大方の考え方のようである。

生態系を守るために

小笠原のもう一つの課題は、島内を歩けばすぐに気づく、「環境保全」の問題である。小笠原が世界遺産に登録された大きな理由は、この諸島は一度も大陸の一部であったことがない海洋島で、独自に進化した、世界でもここにしかいないという固有の動植物が多数生息していることにある。

小笠原にもともと住み着いている哺乳《ほにゅう》類は、オガサワラオオコウモリだけであり、爬《は》虫《ちゅう》類も小ぶりのオガサワラトカゲしかいない。ところが、人間が持ち込んだネコやヤギ、

グリーンアノールを捕獲する粘着式の罠。父島のいたるところで見られる（2019年３月）

あるいは南米原産のトカゲの一種であるグリーンアノールといった動物たちが、絶滅危惧種のアカガシラカラスバトをはじめ、固有種の動物を食用にしたり、固有種の植物の芽を食べたりして、生態系を破壊している。これに対処するために島のあちこちには野猫を捕獲するためのケージが多数仕掛けられているし、目につく木の幹には数百万匹にまで増えたグリーンアノールを閉じ込める罠《わな》が多数見られる。自然を破壊する「観光公害」がすでに起きているようにも見える。

ただし、ネコやヤギを持ち込んだのもグリーンアノールを持ち込んだのも観光客ではない。もちろん、生態系への影響を考えれば、観光客は少ないに越したことはない。島外からの人の流入が増えれば、当然、島の生態系に悪影響を及ぼす原因をもたらすリスクも高まる。しかし、一方で、島の自然の価値にできるだけ多くの人に触れてもらい、その価値を広めることも重要である。富士山麓では、自然環境の保護のために人の出入りを禁止したら、かえって産業廃棄物の不法投棄が増えたという例もある。人の目に触れないと、かえってそこに捨ててしまおうという人が出てくるのだ。

小笠原では、すでに世界遺産への登録と前後して、多くの入山・入域規制が行なわれている。絶景で知られる南島へは、ガイド付きでのみ上陸でき、一日一〇〇人まで、しかも滞在は二時間以内と決められている。さらに年に三カ月は入島禁止期間が設けられている。「おがさわら丸」で満員の観光客が来島したら、入出港日も入れた四日間で上限までフルに観光客が来ても四〇〇人が限界で、来島者の半数以下しか南島へは渡れないことになる。

母島の特別保護地域である「石門」一帯はさらに厳しく、入域は一日五〇人、しかも一回あたり五人以内となっている。また、固有種のオガサワラオオコウモリの営巣地やアカガシラカラスバトの繁殖地は立ち入り禁止である。

世界遺産の登録と前後して、入山が禁止されたり、入山のたびごとに靴の泥を落とし、入山の目的と行く場所を明示しなければならなくなったりしたことは、それまで自由に山に入って生活に必要なものを調達していた島民にとっては、不自由になったという側面は確かにある。観光客が一人も来ず、島民しかいなければ、これほど厳しい規制は必要ないのかもしれない。

とはいえ、観光客を締め出すこともまた現実的ではない。小笠原村の職業別の人口を見ると、一位が公務員（環境省、国土交通省、防衛省、林野庁、海上保安庁、気象庁、国立天文台、ＪＡＸＡ＝宇宙航空研究開発機構、東京都、警察署、小中高校の教員など、様々な公務員が居住・生活している）、二位が宿泊施設、飲食、土産商、ツアー業者など広い意味での観光産業従事者で、島は観光なくしては成り立たないからである。

このように様々な課題はあるにせよ、六日に一便の船しかアクセスがなく、しかも二四時間かかることによって、ただ羽目を外したい、騒ぎたいというような安易な観光客を選別することで、結果として小笠原はオーバーツーリズムを回避するシステムを内在させている。もちろん、これは特殊な例で、京都をはじめ、今、オーバーツーリズムに悩んでいる地域にも当てはまる即効薬とはならないが、高いハードルで観光客の質と量をコントロールするという発想は、十分検討に値する。

なお、さらなる課題として、小笠原島民にとっては慢性的な水不足も生活上のリスクとなっており、これも観光と深くかかわっている。というのも、「おがさわら丸」が出港中の島民だけの日々では一日四〇〇トン程度の水道使用量が、船が入って観光客でいっぱいになると一・五倍にまで跳《は》ね上がるからだ。私が訪れた際も、ダムの貯水率が三割を切って、公共シャワーの停止や可搬式の海水淡水化装置の稼働が行なわれていた。近年の気候変動によりこのリスクは高まっており、別の地域からの給水支援が見込めない隔絶した離島ならではの大きな課題である。

コラム③ 江戸時代からあった富士山の「入山料」と「観光公害」

この章で世界自然遺産や富士山への入込客の負担金について触れたが、こうした「入山料」は何も近年になって急速に議論されるようになったわけではない。『富嶽旅百景　観光地域史の試み』（青柳周一　二〇〇二年）によれば、江戸後期の文政《ぶんせい》年間、富士山への登山者はガイド役である御師《おし》宅で、「山役銭《やまやくせん》」と呼ばれるいわば登山料を支払っていたとの記述のある史料が紹介されている。山役銭は、御師のガイド料だけでなく、本来は各合目で徴収していた通行料のようなものを含んでいて、富士山をご神体として山そのものを所有する富士山本宮浅間《せんげん》大社（現在の静岡県富士宮市）の神職への参拝料なども合わせたような性格を持っていたという。環境保全のため、あるいは登山客の抑制のために徴収していたわけではないが、参詣客に対するきちんとした管理体制ができていたことの証《あかし》であり、今よりもその管理は行き届いていたと言えるというのも、登山者は必ず特定の御師の家に泊まり、そこから御師の案内で登山をするというシステムが確立していたからである。

一方でこの時期に、今で言う「観光公害」に近いことが発生していたことも、同じ著作で触れられている。現在の富士吉田市では、一八世紀末の寛政《かんせい》のころに、富士登山やそのほか旅をする人々のために、業者が米や大豆などの食料や薪《たきぎ》などを大量に買い込んでいたことから、地元の人がこれらの商品を求めようとしても、品薄になったり値段が高騰して入手が困難になってしまったりした。また、地場産品の生糸《きいと》づくりに使われるはずの用水のきれいな水で客に提供する酢や醬油の樽を洗うため、本来の用途に使えなくなってしまっている状況が見られたという。

青柳は「信仰登山集落が参詣者を呼び寄せてくることは、地元のほかの村々にも駄《だ》賃《ちん》稼ぎなどによる収入をもたらすものであった。しかし、その一方では生活用水の汚染や食料品の大量消費による値段の高騰といった問題が、地域の中に起きていたのである」と結んでいる。なるほど、これも立派なオーバーツーリズムが引き起こした問題であり、「収入ももたらすが、地域住民への悪影響も大きい」という観光が抱える現代と同じ矛盾が、すでに二〇〇年以上前に富士の麓《ふもと》で起きていたことが伝わる貴重なエピソードである。

第四章

「海外の有名観光地」の現実

——「世界三大〝観光公害〟都市」などを現地調査

なぜスペインは「外国人観光客世界第二位」になったのか

二〇一八年夏、私はオーバーツーリズムが大きな問題となっている代表的な国であるスペインの南東部で、実態の調査・ヒアリングを行なった。

スペインを調査先に選んだ理由は、近年、外国人観光客が急増し、二〇一七年には、フランスに次いで海外旅行客数が世界第二位に躍り出たこと、そしてオーバーツーリズムによって、市民が行政の観光政策や住宅政策に対してデモを行なうなど、世界的にもその影響が大きく報道されていたからである。

海外からの観光客が多い国は、これまで一位がフランス、二位がアメリカとなっていたが、二〇一七年、スペインがアメリカを抜いた。図表5は、二〇一七年の国際観光客到着数（海外旅行者受入数）の多い国トップ一〇を示したものである。

海外からスペインを訪れる観光客は八一七八万人あまり。前年からの増加率では、トルコやメキシコなどが高くなっているが、トルコは二年前と比べると下がっており、スペインの八・六％という数字（二〇一六年も対前年比は一〇・四％と高い）は、順調に国外からの観光客数を増やしていると言えよう。スペインの人口は四六〇〇万人あまりで、海外からの訪問客を人口で割ると一・八ほどになり、これはフランスの一・三、アメリカの〇・

図表5 国外からの観光客数（2017年）

順位	国名	旅行者数	対前年比（増）
1	フランス	8691.8万人	5.1%
2	スペイン	8178.6万人	8.6%
3	アメリカ	7694.1万人	0.7%
4	中国	6074.0万人	2.5%
5	イタリア	5825.3万人	11.2%
6	メキシコ	3929.8万人	12.0%
7	イギリス	3765.1万人	5.1%
8	トルコ	3760.1万人	22.9%
9	ドイツ	3745.2万人	5.7%
10	タイ	3538.1万人	8.6%

出典：世界観光機関（WTO）

二三よりははるかに大きく、国民全体の人口の二倍近いインバウンドを受け入れている計算になる。ちなみにこの年の日本への渡航者数は二八六九万一〇〇〇人で、世界一二位であった。人口÷訪問客数はアメリカと同じ〇・二三。急激にインバウンドが増えているとはいえ、国民全体の人口からすれば、まだまだ少ないとも言える。

スペインにとりわけ海外からの観光客が増えているのには、いくつか理由がある。スペインは、ヨーロッパ全体から見れば西のはずれに当たる。中世、イスラム勢力に支配されていた歴史もあって、かのナポレオン・ボナパルトが「ピレネーの南（つまりスペインとポルトガル）はアフリカ」と言い放ったとの逸話が今も語られるなど、中央ヨーロッパから見ると辺境に位置する国と認識されていた。当然、ドイツや北欧、東欧諸国から見れば距離的に遠く、航空運賃も高くなる。飛行機を使わずにマイカーでの旅を計画しても、時間も費用もかかる。同じ欧州でも行きづらい場所にあったとも言えよう。

ところが、ヨーロッパは今、エールフランスや英国航空といったフルサービスキャリアの航空会社よりも格安航空会社、LCCのほうが、はるかに元気がある。ライアンエア（本拠アイルランド）やイージージェット（本拠イギリス）、ブエリング航空（本拠スペイン）など、中小都市の空港でも頻繁に見かけるこうした格安航空会社の台頭で、スペインまでの航空運賃も劇的に下がった。

さらに、もう一つの背景として中南米諸国の経済水準の向上により、メキシコ、コロンビア、ペルー、チリ、アルゼンチンなどの国民が海外旅行に出かけやすくなったこともスペインへの観光客の増加を後押ししている。中南米諸国は、ブラジル（ポルトガル語）、スリナム（オランダ語）、ジャマイカ（英語）、ハイチ（フランス語）などを除けば、ほぼスペイン語圏であり、今でも旧宗主国《そうしゅこく》のスペインとの関係が深い。しかもどの国もスペインへの直行便があり、旅先でも言葉に困ることはない。

なお、日本の観光庁が毎年作成している『観光白書』の「平成三〇年版」（本書執筆時点での最新版）には、「世界の観光の動向」として、外国人旅行者のうち「空路又は水路による外国人旅行者受入数ランキング」が掲載されている。島国日本の訪日観光客は、陸路でのルートはあり得ず、空路と水路に限られるため、同じ条件で比べたらということで、このデータがまとめられたものである。

このランキングによれば、二〇一六年のデータであるが、一位は六一九八万人のスペインで、二位のアメリカの四六九九万人をはるかに引き離している。スペインはフランスとポルトガル、そしてピレネーの小国アンドラに接しているのみで、鉄道や自動車による陸路で入国する観光客は少なく、飛行機や船でやってくる外国人観光客が大半を占めることを数字が示している。

総受入数第一のフランスは、この集計だと第四位に下がる。すなわちスペインと異なり、受入数の半数以上は陸路での入国ということになる。ドイツ、イタリア、スイス、スペイン、ベルギー、イギリス（ドーバー海峡トンネルで直結）など、欧州の主要国と接していて陸路で比較的簡単に移動できることが、順位を下げている理由であろう。

1979年に世界遺産に登録されたドゥブロブニクの町並み。クロアチア最大の観光資源となっている（2001年8月）

「観光公害」の代表都市その1
ドゥブロブニク（クロアチア）

スペインに限らず、ヨーロッパはどこも観光客の増加が様々な問題を引き起こしているが、欧米メディアによく取り上げられる「三大〝観光公害〟都市」が存在する。

それはクロアチアのドゥブロブニク、イタリアのヴェネツィア、そしてスペインのバルセロナ、いずれも地中海沿岸の都市である。

ドゥブロブニクは、「アドリア海の宝石」と呼ばれる美しい町並みが残る中世の城塞《じょうさい》都市で、ユーゴスラビア時代からリゾート地として知られていた。一九九〇年代のユーゴ内戦の時代には、ボスニア軍からクロアチアのシンボル的な都市として攻撃の標的とされて徹底的に砲撃を受け、一九七九年に世界遺産に登録された町並みは、一時「危機遺産リスト」[注9]に記載されるほどのダメージを受けた。私が初めてドゥブロブニクを訪れたのは、内戦終結からわずか六年後の二〇〇一年で、町を取り巻く城壁からは、砲撃を受けた屋根にブルーシートが掛けられ補修されている様子が間近に見られた。町を見下ろす小高いスルジ山へ架けられたケーブルカー（ロープウェイ）の施設は、内戦で攻撃を受けて破壊されたままであったが、今では新たなロープウェイが架けられて多くの観光客を運んでいる。

二一世紀に入って町が落ち着きを取り戻すと、アドリア海のリゾート都市として、ヨーロッパ中から、そして今では世界中からユーゴ時代をはるかに上回る観光客が狭い旧市街に殺到。オンシーズンになると、目抜き通りとなるプラツァ通りは、肩がこすれあうほど

注9　ユネスコの世界遺産登録物件のうち、戦乱や自然災害、開発、環境破壊など世界遺産としての普遍的価値を揺るがすような脅威にさらされていたり、その恐れがあるものを指し、毎年世界遺産委員会で危機遺産リストへの記載、取り下げが審議される。いまだ内戦が続くシリアでは国内すべての世界遺産が危機遺産となっている。

の混雑になる。

ドゥブロブニクの混雑に拍車をかけているのは、毎日複数のクルーズ船が入港し、いちどきに大勢の観光客が狭い城壁内に吐き出されることである。二〇一七年の一年間に五〇〇隻を超すクルーズ船が寄港した。あまりの混雑ぶりに世界遺産を管理するユネスコが地元に観光客の過度の集中の是正を勧告し、二〇一八年から市では一日のクルーズ船観光客の受け入れを四〇〇〇人を上限とすることを定めた。クロアチアは人口わずか四〇〇万人あまりの小国だが、二〇一七年に受け入れた外国人観光客は一五五九万人と人口の四倍に近い。そのクロアチアの最大の観光資源がドゥブロブニクなのである。

「観光公害」の代表都市その2　ヴェネツィア（イタリア）

イタリア北部、アドリア海の最奥部に位置するヴェネツィアは、今さら説明するまでもなく、世界に例を見ない「水の都」であり、ドゥブロブニクが「アドリア海の宝石」なら、こちらは「アドリア海の女王」の愛称を持つ一大歴史文化都市として、観光客の人気もきわめて高く、年間の観光客は三〇〇〇万人を数える。ヴェネツィアも地中海クルーズの大型船が必ずと言ってよいほど立ち寄る寄港地で、いつ訪れても町を貫く大運河（カナ

（上）ヴェネツィアの中心、サンマルコ広場。周囲にはドゥカーレ宮殿、大鐘楼、サンマルコ寺院など歴史的建造物が並ぶ（2018年2月）

（左）そのサンマルコ広場の脇を大型クルーズ船が通る。『If Venice Dies』（『もし、ヴェネツィアが死んだら』）の表紙写真

ル・グランデ）で大型客船の姿を見かける、いや見かけることができた。過去形にするのは、今では後述するように直接の寄港の制限を課すようになったからである。

ヴェネツィアの最も大きな課題は、車も入らない、ヴァポレット（水上バス）とゴンドラ（水上遊覧船）、そして徒歩だけが頼りの古くて狭い町に大勢の観光客が殺到し、一方で地価や家賃の高騰で市民が次々と対岸の本土側に移ってしまい、生活感が希薄な、観光客と観光客向けの店しかないような「作られたテーマパーク」になりつつあることである。一九五〇年代後半、四五〇の島々に一五万人以上が住んでいたヴェネツィア中心部（潟《ラグーナ》に浮かぶ狭義のヴェネツィア。行政上のヴェネツィア市は空港のある対岸も含んでいる）の人口は、現在五万人台にまで漸減《ぜんげん》している。

対岸の町メストレからトラムがヴェネツィアのローマ広場まで運行されるなど、本土側からのアクセスが良くなったこともあって、ヴェネツィアの町は、観光客が運河に挟まれた旧市街に泊まり（ただし、ヴェネツィアのホテルはどこも宿泊費が高いので、対岸に泊まるツアーも多い）、ホテルや土産物店、レストランなどの従業員がバスやトラムで対岸から通勤してくるという「逆転」した状況になっている。

夏やカーニバルなどのオンシーズンの混雑は想像を絶するものがある一方、冬に頻繁に起こる高潮などによる浸水、「アクア・アルタ」に襲われることも多く、ゲルマン人の侵入により湿地に逃げ込んだ北イタリアの民が作りあげた世にも珍しい水上都市は、華やかなイメージの陰で危機的な状況に陥っているように見える。

イタリアの美術史家で、ピサ高等師範学校の校長などを歴任したサルヴァドーレ・セッティス氏は、二〇一四年に発刊した『If Venice Dies』（『もし、ヴェネツィアが死んだら』）で、「ヴェネツィアはまさに死に瀕《ひん》している」と警鐘を鳴らした。この本の表紙には、サンマルコ広場の真横を巨大なクルーズ船が通り過ぎる象徴的な写真が使われている。

クルーズ船は、ドゥブロブニク同様この町にも大量の観光客を運ぶ。近年のクルーズ船の大型化により、ヴェネツィアの繁栄の象徴とも言えるドゥカーレ宮殿[注10]の二倍を超える圧倒的な高さの船が宮殿の真横を通り過ぎると、思わず見とれてしまうが、中世の町並みの景観を甚《はなは》だしく壊しているように思える。しかもクルーズ船は、外海との水の交換が少

注10　Palazzo Ducale　八世紀に創建され、一四〜一六世紀に現在の姿に改修されたヴェネツィア共和国の政庁であり総督の住まいでもあった宮殿。隣り合うサンマルコ寺院とともにサンマルコ広場に面しており、ヴェネツィアのシンボル的な建造物。

ないラグーナ内で大量の排水を流すなど、ヴェネツィアそのものへの影響も大きい。今も人気が高い北イタリア最大の観光都市は、まさに「観光公害」の象徴のような町になってしまっている。

ヴェネツィアでは、すでに問題となっているクルーズ船の市街地への入港の規制を始めたり、二〇一八年四月には期間限定で、混雑する一部の地域を住民以外原則立ち入り禁止とする実験的な施策を行なっているほか、二〇一九年一月には、現在導入している宿泊施設の「宿泊税」に加えて、市街地に入るすべての観光客に「訪問税」を最大一〇ユーロ程度課すと表明（七月から実施）。対策が次々と打たれてはいるが、それでもヴェネツィアの人気は圧倒的に高く、いずれも抜本的な対策になるかどうかはかなり難しいところであろう。

「観光公害」の代表都市その3　バルセロナ（スペイン）

ドゥブロブニク、ヴェネツィアなど象徴的なオーバーツーリズムの都市と並ぶ、もう一つの「観光客に乗っ取られた三羽ガラス」の町、それがスペイン・カタルーニャ地方の中心都市で、国際的な知名度も高いバルセロナである。

バルセロナの街中に掲げられていた垂れ幕。「EL TURISME MATA ELS BARRIS」＝「観光客が町を殺す」（2018年8月）

スペインの南東部、地中海岸沿いに市街地が広がるこの町は、マドリードに次ぐスペイン第二の都市で、アントニ・ガウディやサルヴァドール・ダリなどの建築家・芸術家が活躍し、彼らの作品に出逢《であ》うために、年間一〇〇〇万人を超える観光客が訪れる。

バルセロナのあるカタルーニャ地方は、一五世紀末のレコンキスタ（国土回復運動）の終了とスペインの統一後も、独自の文化、言語を保持し続け、フランコ独裁政権の崩壊後の一九七九年にはカタルーニャ自治政府が誕生した。現在も標準スペイン語（スペインでは「カスティージャ」と呼ぶ）とともにカタルーニャ語が公用語であり、二〇一七年には独立を問う住民投票で独立賛成派が圧勝、独立宣言が発表されるなど、マドリードの中央政府とは一線を画《かく》す道を歩んできたことでも知られる。

バルセロナの町を歩くと、スペインの国旗よりも黄色と赤の横縞《よこしま》模様が特徴のカタルーニャ州旗のほうが目立つし、標識の表示でもスペイン語とカタルーニャ語の併記が一般的だ。そして訪れてみて驚くのは、153ページの写真のような観光客を排斥《はいせき》する言葉が並ぶ旗や垂《た》れ幕を目にすることである。「EL TURISME MATA ELS BARRIS」は、カタルーニャ語で「観光客が町を殺す」という意味である。まさに観光客の一人としてこの町を訪れている自分にとって、穏《おだ》やかな気持ちではいられない言葉だ。実際、バルセロナでは二〇一五年ごろから幾度となく、観光客への対応を市に求めるなどのデモが行なわれ、その映像が世界中にニュースやユーチューブで拡散されたために、バルセロナは外国人観光客排斥の急先鋒の町として知られるようになったのである。

住宅の高騰が住民を直撃

それでは、具体的にバルセロナでは観光客の増加がどんな問題を引き起こしたのだろうか？

一番大きな問題は、中心市街地で民泊の増加により賃貸物件の家賃が上昇し、市民が追い出され、郊外に移らざるを得なかったり、若者であれば本来一人暮らしをする時期に、やむなく親と同居せざるを得ない状況になっていることである。日本では高校や大学を卒業しても親と同居するケースは珍しくないが、一般に西欧では高校を卒業すると親元を離れて独《ひと》り立ちをするのが常識となっている。そうした巣立ちをできなくしてしまっているほど、家賃の高騰が問題になってきたと言える。

その結果、京都の家賃の高騰で滋賀県のＪＲ琵琶湖線沿いにマンションが増殖しているのと同様、これまでバルセロナの通勤圏は中心部からせいぜい二〇～三〇㎞程度と言われていたのが一気に拡大し、今回の調査で現地の住民にヒアリングした中では、一〇〇㎞を超えるまでに拡大しているという証言も聞かれるほどになった。一〇〇㎞と言えば、バルセロナから地中海沿いに東へ向かえばフランス国境に届いてしまうほどの遠距離である。

また、一般の住居が民泊に転用されると、当然、そこには住民ではなく一時的に滞在する旅行客が〝住む〟ことになる。民泊の利用者は、どちらかと言えば富裕層ではなく、高級ホテルよりも安く泊まって経費を浮かせたい若者のグループなどが多い。おのずと周辺住民と生活のリズムが異なってくる。深夜に石畳の上をスーツケースやキャリーバッグをガラガラ音を立てて引っ張る音が響いたり、やはり深夜や明け方に飲食店やクラブから大声をあげながら帰ってきたり、地域のごみ出しのルールを守らずに路上にごみを放置するなど、住民にとっては静かな生活環境が脅《おびや》かされることになる。

その具体的な実例を、バルセロナ中心部の「バルセロネータ地区」(Barceloneta)で詳しく見ることにした。

「Barceloneta」は、バルセロナ中心部、かつてはバルセロナ中央駅だったスペイン国鉄フランサ駅の南、海に突き出した三角形をした古くからのエリアである。地下鉄四号線に地区と同じ「バルセロネータ」という名前の駅があり、これが地区の入口になっている。全体がほぼ住宅街で、四~六階の低層の共同住宅がびっしりと並び、その間に小さな公園や地元の人が主に使う商店やレストランがある。

以前は、周囲は工場地帯で、そこに通う工場労働者や漁師、あるいは周辺の地方からバルセロナに働きに出てきた貧しい人たちが住む、いわば貧民街であった。しかし、バルセロナの中心部に近く、砂浜が続く海岸も目の前にあるため、一九九二年にスペインで初めて開催された夏季オリンピックが近づくと周囲の工場が閉鎖され、五輪の選手村が建設されるなど再開発が進み、今ではバルセロナの海岸沿いのおしゃれなエリアへと大きく変貌

バルセロナ中心部の住宅街、バルセロネータ地区。1992年のバルセロナ五輪で再開発が進み、民泊に転用される部屋が増えている（2018年8月）

した。とはいえ、中は細い路地が続き、古びた住宅の合間に時折、こじゃれたシーフードレストランや建て替えられたと思しき新しい共同住宅が交《ま》じる、そんな地区である。

現地のガイドとともに歩いたが、通りからも民泊に転用されている部屋はすぐに特定できるという。まず、洗濯物の干し方が雑なこと。住民は外からの美観も考慮してきれいに並べて干すが、観光客の干し方はバラバラで秩序がない。

もう一つはクーラーの室外機があるかどうかが目安となるという。バルセロナは南欧の町でももちろん夏は暑いが、海沿いに町が広がるため地中海からの海風が入り込み、東京や京都のように盛夏に三五度を超す猛烈な暑さになるとか、熱帯夜でクーラーなしでは寝苦しいというほどの暑さにはならない。したがって、地元の人が住む住居であれば、まずクーラーは設置していないという。しかし、観光客向けの部屋にした場合、やはりクーラーは欠かせない設備となっていて、下から見上げてベランダにクーラーの室外機があれば、ほぼ間違いなく民泊に使われていると考えてよい。

また、カタルーニャ州旗やバルセロネータ地区の旗が掲げられていれば、これはほぼ住民が住んでいると考えてよいとのことであった。中には、ビル一棟丸ごと民泊用になっている建物もいくつか見つけることができた。小一時間程度歩いてざっと見たところ、二割程度の部屋が民泊に使われているのではないかという印象である。

地区の住民たちの思いは……

今回の調査では、このバルセロネータ地区に長く暮らす二人の住民に話を聞くことができた。

七歳の時にスペイン・アンダルシア地方のグラナダからこの地区にやってきた女性と、両親がバレンシア北部からこの地に移住してバル（スペインの居酒屋）を開き、ここで生まれて現在二代目としてバルの経営にあたる男性である。

体に障がいを持ち、障がい者団体からの委託で宝くじを売る五八歳のロペスさんは、オリンピックを境にこの街が大きく変貌し、近年の地価高騰で地域住民が追い出されている現状を次のように話してくれた。

＊

二〇一〇年以降、スペインの住宅に関する法律が変わり、契約年数が五年から三年に変更され更新の頻度が高まった。その更新時に、例えば私の周りでは、それまで月の家賃が六〇〇ユーロ（およそ七万五〇〇〇円）だったものが、新たな更新でいきなり九五〇ユーロ（およそ一二万円）に値上げすると言われ、泣く泣く出て行かざるを得なかったというケースがある。その部屋は、住民が出て行ったあとすぐに民泊の部屋になった。

現在、この地区の住宅のほぼ半数は海外の投資ファンドが所有しており、住み慣れた住民への配慮などは一切なく、むしろ追い出すことを目的に高い家賃を提示するケースが多い。バルセロネータ地区には、およそ七〇〇軒ほどの旅行者向けの部屋があると言われているが、きちんと法律に基づいてライセンスを取っているのは一割に過ぎず、残りは違法である。違法の住宅を見つけた場合、私たちが警察や市の当局に通報し、違反した部屋を持つオーナーには罰金が科される。しかし、いたちごっこで違法な部屋はなくならない。

　この地区の建物は古いものが多く、恒常的なメンテナンスが欠かせないが、部屋が旅行者に貸し出されると、ビーチで泳いだり、クラブで踊り明かして戻ってくるため、シャワーの使用頻度が住民よりもはるかに高く、水回りの補修が必要になって負担が増えるのも頭が痛い問題である。これまで二〇一四年から一七年までに、住民をないがしろにするこうした状況に対して、この地区の民泊提供に大きな役割を果たす世界最大の民間宿泊施設紹介サイト「エアビーアンドビー（Airbnb）」への抗議デモや、有効な対策を打てない市当局へのデモなど、一〇回以上のデモを行なってきた。

　この地域は結束力が高く、こうした抗議行動を率先して行なうパワーがあり、この草の根の運動が自治体を動かしたり、スペイン各地の抗議行動の引き金になってきた。オーバーツーリズムに「ＮＯ」を突き付けた住民運動の、いわば発信地の一つがここバルセロネータ地区だと言ってよい。その結果、二〇一六年に住宅法が改正され、違法の民泊への取り締まりや摘発が以前よりは迅速にできるようになった。また、こうした流れはスペイン各地にも広がってきている。

　とはいえ、民泊自体はこの地区ではほとんど減っていないし、住民の流出や地区の商店の観光客向けへの様態の変化は止まらない。例えばこの地区の住民にとっては、薬局のような生活に欠かせない商店が必要だが、強い酒類や清涼飲料水、コップなど、明らかに旅行者向けの商品を売る店ばかりになっている。本来、夜は酒類の販売はできないのだが、二四時間営業で酒を販売している店もある。昔ながらの住民が少しずつ離れ、商店の姿も変わっていって、地域のコミュニティが消えつつあるのを実感する。

＊

ロペスさんはこうした話を聞いてもらえるのがうれしいのか、ほとんど休むことなく、以上のような概要を一時間以上にわたって語り続けた。彼女は下町の陽気なお母さんという雰囲気の明るく元気な女性で、障がいを持っていることをまったく感じさせないパワーの持ち主だが、地域の変貌を憂《うれ》う声は悲しげに聞こえた。

彼女の言葉にもあるように、草の根で組織したデモは、正確には「観光客の排斥」を求めたものではなく、行政の姿勢や違法な民泊を繰り返し提供する大手の業者を相手にしたものであることがわかる。もちろん、街中には「観光客はもうこれ以上いらない」というニュアンスを込めた垂れ幕などもあるが、住民たちは観光の重要性もよく理解しており、住民と観光客との共生の対策が後手に回りがちな行政や、住民よりも儲けを重視する外来の企業や投資ファンドに怒っているということは、ニュースなどではあまり正確に伝わっていないのかもしれない。

＊

ヒアリングをしたもう一人の住民、訪問当時四七歳のハシントさんは、小さなバルを経営している。アフリカよりも貧しく、毎日何キロも歩いて水を汲《く》みに行ったというバレンシア地方在住時の両親の苦労と、その後バルセロネータで店を軌道に乗せるまでの苦労を見てきた彼にとって、この地区での商売は、両親との思い出が刻まれた特別な場所であり、地域への思いも強い。しかし、彼は地域の変化はバルセロナが観光で潤っている面が強い以上、不可避の変化であり、もしかしたら将来は地区全体が取り壊されて再開発されてしまうこともありうるという覚悟を持っている。

ハシントさんの目から見れば、経済の論理でこの地区にツーリスト向けの部屋が増えること自体は問題の本質ではない。そこに泊まる観光客の〝民度〟のほうに問題があると考えざるを得ない。夜昼関係なく一日中騒いだり、エレベーターがない階段を大きなサーフボードを持って上り下りして壁を傷つけたりといった、おそらく自国ではやっていない愚《おろ》かな行為を、ここへ来て平気で行なっていることが問題であり、そうした観光客への規制

宝くじを売るロペスさん（上）とバルを経営するハシントさん（下）。バルセロネータ地区の住民が著者のヒアリングに応じてくれた。この地区での観光公害の実態や、行政へのデモをはじめとする住民の取り組み、民泊に対する考え方など、当事者の生の声を聞くことができた（2018 年 8 月）

は必要かもしれないと彼は言う。

本来、民泊は観光客に地域の暮らしや文化に親しみを持ったり、理解してもらったりするために、地元住民にも観光客にもメリットのある制度である。ホテルに泊まってそのホテルと提携（あるいは結託）しているレストランを推奨される「出来レース」よりも、民泊をして地域の人に自分たちが普段からおいしいと思って通う店を紹介してもらうほうが、旅行者にとっても満足がいく良い店に出逢えるはずで、民泊そのものが「悪」なのではない。とはいえ、増加するツーリストを狙った強盗や犯罪が増えるなど、確実に治安も悪くなっており、何らかの対策が必要だというのがハシントさんの考えである。

後を絶たない違法民泊

バルセロナの住宅事情については、住民とは別の視点が必要だと考え、市の住宅カウンセラーにも話を聞いた。そのカウンセラー、カルメンさんによれば、家賃の高騰の影響を最も受けているのは、若者たちだという。若年層は給料が低く、そもそも失業率も高い。また、いざとなれば親と同居できると思われているため、様々な施策も後回しにされがちだ。結果として、若者の路上生活者も増えているとのことである。

また、住宅の高騰は投機ブームを招き、民泊目的だけでなく、部屋や共同住宅のビルを丸ごと買い取って、空室のまま値上がりを待つ海外の投資家が増えてきている。賃料を上げて住民が追い出される一方、その空室には誰も住まないような状況が進んでいるという。市は民泊を規制し、登録を促《うなが》す制度を設けているが、違法民泊は後を絶たず、今のところいたちごっこが続いていることをカルメンさんも認めている。

彼女はバルセロナの郊外に住んでいて、週末の楽しみは中心街の老舗のカフェでゆったりとお茶を飲むことだそうだが、最近は席に座るとスペイン語ではなく、いきなり英語のメニューを渡されることがしばしばあり、疎外感を感じざるを得ないという。私自身も日本で昔ながらの食事処に入って、いきなり英語のメニューを渡されたら、あるいは中国語のメニューを渡されたら、かなり気分を害することが容易に想像できる。それがバルセロナでは珍しくないという。しかも、利用者が外国人中心になれば、一見《いちげん》の客ばかりになるから、値段も高くなりがちだ。「私はいったいどこにいるのだろう？」と考えてしまうという彼女の「疎外感」は、京都も含め、外国人観光客の殺到で町と暮らしが変わりつつある世界各地に共通の、そしてとてもよく理解できる声であった。

女性市長の観光対策

バルセロナの町を見下ろす展望台「El Turo de la Rovira」（エル・トゥーロ・デ・ロビラ）が、ガウディの建築で名高いグエル公園の先、丘を登りきったところにある。市民の憩《いこ》いの場にもなっているほか、市街が一望できることから最近では観光客の姿もよく見かける。

ここから見下ろすと、バルセロナの市街地が碁盤《ごばん》の目状の街区に斜めの道が通る計画的に造られた姿をしている様子や、町のど真ん中に見間違えようがないガウディの傑作「サグラダ・ファミリア贖罪《しょくざい》教会」がまだ建築途上の姿であることが手に取るようにわかる。市街地には一部、超高層ビルも見られるが、基本的には中低層の落ち着いた街並みが続き、遠くには地中海が広がり、ここでも大型クルーズ船が入港しているのが望見できる。とても平和な光景が一望できて気持ちが良い。

一方、後ろを振り返ると、山間《やまあい》の谷間に、新たな住宅群がびっしりと建っているのが見える。しかし、この見える範囲にある前方の市街地や後方の住宅群は、もう一般の市民には手が届きにくい場所になっているのである。バルセロナから東へ地中海沿いに進むと、フランス国境まで美しい海岸線が続き、ジローナ、フィゲレスといった歴史を重ねた観光都市が連なるが、好むと好まざるとにかかわらず、国境付近までずっと通勤圏になってしまっているほどに変容したバルセロナ都市圏の拡大は、まさにオーバーツーリズムの課題を象徴しているようである。

バルセロナのへそに当たるカタルーニャ広場では、空港からの直行バスの終着点でもあることから、観光客の姿が絶えず、二階建ての屋根のないオープンバスが多くの観光客を乗せて次々と出発する。市街一の目抜き通りで、二〇一七年八月に乗用車が暴走して一三人が犠牲になるという痛ましい事件が起きたランブラス通りも、何事もなかったようにぎっしりと観光客で埋まっていた。

バルセロナのオーバーツーリズム対策が本格化したのは、この町に初めて女性市長が誕生した二〇一五年である。わずか四一歳で市長に当選した左派のアダ・クラウの選挙公約の一つがオーバーツーリズム対策に着手することであった。一七年三月には「二〇二〇年に向けた観光都市計画」を発表し、今後は観光客の宿泊を目的としたマンションの固定資産税を引き上げるとともに、そもそも観光客向けのマンションの認可を中止、そしてついには二〇一九年以降市内の一定地域での新たなホテルの建設を禁止する法律も制定した。実際、計画中の多くのホテルが建設の中止を余儀なくされている。

また、旧市街の歴史地区のうち大聖堂とその周辺地区では、バルやカフェテリア、レンタサイクル店、二四時間営業のスーパーの開業を抑える施策も進められている。さらに、バルセロナ市だけでは問題は解決しないとして、バルセロナ県やバルセロナ市観光局（DMO。第六章で詳述）などとの協働組織であるバルセロナ観光観測所を新設して、広域での対策を取ろうとしている。

調査時は、アダ・クラウ市長の就任から三年が経過しており、こうした施策が少しずつ浸透しつつある一方で、バルセロネータ地区で見たように、民泊一つとってもいたちごっこが続いていて、オーバーツーリズムが一気に改善に向かっているとは言えない状況であった。ひとたび崩れてしまった市民生活と観光とのバランスの克服は、一筋縄ではいかない——そう強く感じたバルセロナの実態であった。

地中海の島を直撃した観光公害

実はスペインでオーバーツーリズムが問題になっているのは、バルセロナだけではない。首都マドリードをはじめ、美食の町として近年知名度が高まっているサン・セバスチャンなどがある北東部のバスク地方、そして地中海に浮かぶバレアレス諸島とアフリカ沖に散在するカナリア諸島でも、オーバーツーリズムは深刻な問題を引き起こしている。

二〇一八年の取材では、バルセロナのほか、バレアレス諸島の二つの島にも足を運び、地元の方の話を聞くことができた。

バレアレス諸島は、バルセロナの南に点在する四つの大きな島からなる群島である。広義にはカタルーニャ文化圏であるが、地域区分では、バレアレス諸島州という一つの独立した州を形成しており、州都は最大の島であるマヨルカ島にあるパルマ・デ・マヨルカである。人が住むのは、マヨルカ島のほか、その東にあるメノルカ島、マヨルカの西にあるイビサ島とその付属的な位置にあるフォルメンテーラ島の四つの島である。どの島も最大の産業は観光であり、スペイン本土の各都市はもちろんのこと欧州各地から直行便で結ばれているほか、バルセロナ、バレンシア、アリカンテなどのスペイン本土の港町から高速船や大型フェリーが運航されている。

太陽の光が溢《あふ》れるのんびりした地中海の島に観光公害は起きそうにないように見えるが、狭い島ならではの特有の問題がバレアレス諸島を直撃している。

私が訪問したのは西のイビサ島、次に真ん中のマヨルカ島である。それぞれ二泊して、時間の許す限り多くの島の住民たちに話を聞いた。

パーティ・アイランド

まず訪れたのはイビサ島である。この島へも対岸の本土側に当たるバルセロナやバレンシアなどのスペインの都市だけでなく、ヨーロッパの主要都市からフライトがあるが、今回は島を訪ねるという気分をできるだけ味わいたくて、バレンシア州のデニアという小さな港町から欧州各地で定期船を運航するバレアリア社のフェリーを使い、海路で入島することにした。デニアからは一日五便、大型フェリーがイビサ島の中心イビサタウン（地元ではカタルーニャ語発音で「アイビーザ」と一般に呼ぶ）へおよそ二時間で運航している。

黄昏《たそがれ》の光に包まれ、世界遺産の旧市街の教会に見下ろされながら入港したイビサの港は、地中海リゾート特有ののけだるさに包まれていた。

イビサ島は、人口が二〇一七年現在でおよそ一五万人。面積は淡路《あわじ》島とほぼ同じ五七一㎢ほどの島である。一五万人という人口も、淡路島の一三万人に近いので、規模感としては淡路島の大きさを思い浮かべれば、そう大きく外れていないことになる。

長い間、漁業と農業が中心のひなびた島だったが、一九七〇年代から観光の対象として注目され始めた。そのきっかけは、当時世界の若者の流行となっていたヒッピーが多数訪れるようになり、新たな若者文化の先端を行く島として一気に島の知名度が高まったこと

バレアレス諸島の一つ、イビサ島。港（Ibiza Puerto）のプロムナードをそぞろ歩く観光客（2018年8月）

による。さらに、島を大きく変えたのが、当時の言葉でディスコ、今はクラブと呼ばれる大型の施設が相次いで開業し、次第に世界のダンスミュージックやクラブカルチャーのトップランナーとして、欧州、特にイギリスの若者を集めるようになったことである。

現在もイビサ島には一〇〇を超す大規模なクラブがあり、島のレストランやカフェの店頭には、クラブごとの前売り券の値段を表示した看板が立てられて人目を引いている。その中でも収容人員が一万五〇〇〇人と世界最大のクラブである「プレビレッジ」、規模は五〇〇〇人とプレビレッジほどではないが、噴き出す泡の中で踊る「泡パーティ」のクラブとして知られる「アムネシア」、『ＤＪマガジン』が選ぶ世界のクラブのトップ一〇〇のベスト三の常連である「スペース」や「パチャ」など、クラブ好きなら名を知らない者はいない名門が名を連ねる。イビサが「パーティ・アイランド」として有名になった所以《ゆえん》である。

夏のトップシーズンには、欧州各地から人気ＤＪがイビサに集結し、それを目当てに観光客も押し寄せる。ハリウッド俳優や世界的な歌手などの来島も珍しくなく、今回の調査でも、ある高級アグリ・ツーリスモ（「農村民泊」と訳すが、訪れた施設は日本でイメージする農村民泊とはかけ離れた、郊外型リゾートホテルと言ってよい施設であった）を著名なサッカー選手が三日間借り切ってパーティをしたとか、二〇一六年にはインドの大富豪が一週間にわたって島の大きなホテル二つを借り切って結婚式を繰り広げたという話を聞いた。

日本では、一般に地中海のリゾート・アイランドと言えばギリシャのミコノス島やサントリーニ島、イタリアのシチリア島などがまず思い浮かび、バレアレス諸島の名はあまり聞かれないが、イビサや後述するマヨルカは、ヨーロッパではきわめてメジャーなリゾート地となっているのである。

なお、クラブの多くは、島の中心のイビサタウンから少し離れた郊外やビーチリゾートの近くにあり、店のオープンはたいてい深夜である。そして、真夜中の三時、四時に最も盛り上がり、明け方に営業を終了する。町からはクラブをめぐる巡回バス、いわゆるディスコバスが利用者のために深夜から明け方まで運行されている。

家族連れや高齢者にも人気

ヒッピーが押しかける島、パーティ・アイランドと聞くと、若者の喧騒《けんそう》に埋め尽くされた落ち着かない島というイメージが湧くが、一方でイビサは、家族連れや老夫婦などがのんびりした時間を楽しむ、本来のビーチリゾートの側面もある。デニアからイビサまで乗ったフェリーでも、見るからに「クラブに行きます」という出《い》で立《た》ちの若者はそれほど多くはなく、夏のバケーションシーズンだったこともあって、小さな子ども連れの姿も目についた。

彼らは、一～二週間は滞在し、地中海でも指折りと言われる美しい海で泳いだりボート遊びをしたりして、島特有のゆったりとした時間に同期しながら過ごす。そうした滞在者を支えているのが、島に点在する魅力的なホテルやヴィラ、ビーチクラブ、そして世界遺産に登録された旧市街の街並みや地中海の民族の興亡の歴史を留める史跡、そして海岸線やそれに続く海中の自然景観である。

一九九九年に登録されたイビサの世界遺産の正式名称は、「イビサ――生物多様性と文化」というかなり抽象的なもので、「生物多様性」は、主にイビサ島周辺の海中に生えるポシドニアという海草が育《はぐく》む豊かな海そのものを示している。また「文化」は、具体的にはこの島にやってきたフェニキア人の遺跡や、中世に造られたイビサタウンの旧市街「ダルト・ヴィラ」などを指している。世界中で一〇〇〇を超すユネスコの世界遺産のうち、わずか三八件（二〇一九年五月現在）しかない文化と自然の「複合遺産」としての登録であり、これらもイビサ島の貴重な観光資源となっている。

このように、年齢を問わず楽しめるリゾートであるこの島にも、様々な課題が横たわっており、それが近年の観光客の増加に伴って、さらに深刻になっている。その状況を見ておきたい。

夏に集中する観光客

ビーチリゾートの常として、常夏《とこなつ》の島ならともかく、秋から冬、そして翌年の夏までは泳げない、つまり四季のある場所として最も大きな問題は、観光客が夏期に過度に集中することである。

イビサ島の月ごとの入島者数を見ると、空港だけの資料だが、二〇一七年二月〜一八年一月の一年間で最も多いのは、七月で六九万八〇〇〇人を数える。飛行機の発地別では、もちろんスペイン国内からが最も多く二〇万四〇〇〇人が訪れているが、ほとんど変わらないのがイギリスからの観光客で一九万九〇〇〇人、そのあとをイタリアの一〇万一〇〇〇人、ドイツの六万人と続く。欧州からは直行便が多いので、この数字はほぼ国籍別と読み替えてもよいだろう。

一方、最も少ないのが二月の七万二〇〇〇人。七月のほぼ一〇分の一であり、地中海のほかのリゾートと同様、オフシーズンは観光客向けのホテルやレストランは店じまいするところが多い。また、この時期は来訪者の九割がスペイン国内からで、外国からはオランダからの二五〇〇人が最も多く、様相がまったく異なっている。

島の経済という観点から見て、観光におけるもう一つの大きな問題に島外資本の進出がある。たったひと月だけで島の人口の約五倍（航空機のみ。船での入島を入れるとさらに増える）もの来島者を受け入れるためには、収容人員の多い大型ホテルが必要であるし、先述したクラブの規模も淡路島と同程度の規模の島だと考えると桁外《けたはず》れに大きい。クラブやビーチクラブの経営母体、及びホテルの所有者もイビサ島民ではないケースが増えており、今回のヒアリングでも、オランダ人やロシア人が所有するものが急増しているという実態が明らかになっている。

また、季節変動が激しいことから、クラブやホテル、レストランで働く人々が年中この島にいるわけではなく、夏はこの島にやってきて働くが、冬季は別の場所で働くというパターンが多くなる。冬に島にいても仕事がないからだ。つまり、観光客の変動と連動して島で働く人も併せて大きく変動することになる。

ここでも住宅問題が噴出

この調査では、イビサ市の観光局の担当者のほか、地元の旅行ツアー会社の経営者、老舗ホテルの経営者、ビーチクラブの経営者などの観光関連業者、自分の部屋を民泊に貸し出している人、そしてイビサ大学の観光学の研究者などに、現地に住む日本人に通訳をお願いしてヒアリングを行なった。以下は、その内容をまとめたものである。

＊

今、最も島民を悩ませている「観光公害」は、バルセロナと同様、住宅問題である。もともとイビサ島は平地がそれほど多くなく、海岸沿いのいくつかの町、とりわけ島の中心

イビサ旧市街の道は狭く、路上駐車の車が道路をふさぐ。このため駐車難民が発生している（2018年8月）

であるイビサタウンに人口が集中する傾向にあるが、ここでも民泊の増加やホテル用地の需要の高まりで、中心街の住民が家賃の高騰で結果として住まいを追われ、やむなく郊外に移るケースが増えている。また、観光施設の経営者は、島外からの労働者を従業員として雇うことになるが、彼らを住まわせる住宅を探さないと従業員の確保がままならないという状況も生まれている。

　市当局によれば、イビサ島には統計上は一〇万床《しょう》の旅行者用ベッドがある。八割はホテルで、残りは合法的なヴィラやゲストハウスなどである。ところが、空港と港での入島者数から推定すると、最も混雑するシーズンには人口の三倍ほどにもなる四五万人もの観光客が滞在している。多くがいわゆる民泊で、県の観光担当部局でも把握しきれていない。そのうえ、ホテルやクラブ、レストランへシーズンに働きに来る労働者もホテルや住居がなく、エアビーアンドビーなどで一般の部屋に泊まっているため、一層観光客の宿泊状況の把握が困難になっている。

また、観光という観点からは、これまでイビサでは冬の観光客が極端に少なくなることが大きな課題だったが、夏は絶対と言ってよいほど観光施設の従業員のための住宅を見つけることができず、冬のほうが見つけやすい。そのため、労働者の中には冬のうちにやってきて住宅を確保する動きもあり、それにしたがって冬も営業する店が増えてきた。これが旅行者の季節変動の平準化に寄与しているのは皮肉なことである。

足りないのは住宅だけではない。観光客はタクシーやレンタカーで移動するが、ただでさえ狭い市街地はこうした車でいっぱいで、島民が駐車するスペースも不足して、「駐車難民」が発生している。実際、私がヒアリングでイビサタウンを駆けまわった際にも、訪問先に駐車場がなく、路上駐車のスペースを探すのに苦労したが、市民も日々同じような悩みを抱えていることがうかがえる。

京都の錦市場の状況に通じる「地域の商店の変容」に対する意見も多かった。

イビサ島に古くから住んでいる、いわゆる生粋《きっすい》のイビサ島民を地元では「イビセンコ(Ibizenko)」と少し敬意を込めて呼ぶ。ブラジルのリオデジャネイロ市民をカリオカ、サンパウロの住民をパウリスタと親しみを込めて呼ぶのと似ているが、もう少し「生粋の」というニュアンスが強い言葉で、ヒアリングでも何度も何度も聞く言葉であった。

イビセンコにとって、ここ数十年の観光化による変化はかなり嘆かわしいものであるようだ。これまで生活用品を買いに出かけていた町中の商店の多くがカフェやレストランに変わってしまったこと、これまで二ユーロ（二五〇円ほど）で飲めていたコーラを飲むには、ビーチクラブに出かけて八ユーロ（およそ一〇〇〇円）払わないと飲めなくなったこと、旧市街の中心地にある広場に面して建つイビサ一の老舗のホテルが世界的に有名なアメリカのホテルチェーンであるヒルトン系列に入ってしまい、気軽に顔を出せる雰囲気ではなくなってしまったことなど、かつてのイビサを知る者には、ノスタルジーも多分に含まれてはいようが、「島が自分たちのものではなくなりつつある」ことへの不満や違和感が強いようだ。

錦市場が観光客のためのストリートになり、祇園祭の宵山が気軽に出かけられなくなっているという京都の実情と確かに似ている変化が起きているようだ。同様に、様々な施設が島外資本になり、しかも働き手も島外からやってきていることへの危機感も複数のイビセンコから聞かれた。観光客を迎えるために、島内に様々な施設が造られ、大勢の観光客が押し寄せて、島は賑やかになり一見潤ったように見えた。しかし、潤ったのは島民のごく一部であり、利益の多くは島の外に流れてしまっているように見える。

イビセンコの多くは島で土地を所有しており、観光地化とともにホテルやクラブに売却したり貸したりして、経済的には豊かになった人も少なくないが、子どもたちの多くは島内にとどまらず、マドリードやバルセロナに出てしまっている。観光客はごっそりとやってきて、そのための施設にも島外の人が大勢働いているのに、自分の子どもたちには適当な働き場所があまりない――そんな矛盾がイビセンコの表情に微妙な陰りを与えているように感じた。

歴史ある観光の島、マヨルカ島では……

イビサ島の東、飛行機であればわずか四〇分程度のフライトで到着するのがバレアレス諸島最大の島、マヨルカ島である。まず、島に到着して何よりも驚いたのは空港の規模である。

パルマ・デ・マヨルカ国際空港。欧州の主要空港に負けない巨大なスケール（2018年8月）

マヨルカ島は面積が三六四〇㎢とイビサ島の六倍、人口も約八六万人と、やはりイビサの六倍ほどで、イビサからマヨルカに飛ぶのは、宮古《みやこ》島から沖縄本島へやってきたような違いを感じる。面積は沖縄本島の三倍近くある大きな島だが、人口は沖縄本島の一三〇万人あまりと比べるとかなり少ない。標高一四〇〇メートルを超す山があるなど、島の北半分は山がちなので、人口密度は沖縄本島の五分の一程度である。しかし、空港の規模は関空や中部国際空港をはるかに上回り、そこそこの国の首都の大空港のような壮大なスケールである。フライトの発着のボードを見てもヨーロッパじゅうの主要都市の名前がずらりと並び壮観である。スペインでは、マドリード・バラハス空港、バルセロナ・エル・プラッド空港に次ぐ発着便があり、とりわけ夏季は「ヨーロッパで最も混雑する空港」という異名があるほどの賑わいを見せている。

中心都市は州都のパルマ・デ・マヨルカ。島の人口のほぼ半分が集中し、離島にあるとは思えないほどの大都市の風格がある。

イビサ島よりもかなり早く観光の島として知られるようになり、すでに一九世紀にはフランス人貴族らが、のちにはドイツ人やイギリス人が避寒地としてこの島に滞在するようになったのが島の観光業の始まりである。ポーランド生まれでパリを拠点に活躍した音楽家のフレデリック・ショパンが、作家のジョルジュ・サンドと療養を目的にこの島にやってきたのは、一八三八年一一月のことであった。

現在、マヨルカ島には年間一〇〇〇万人ほどの観光客が訪れる。数多くのビーチとハイキングコース、そして歴史を刻んだ素朴な村々など健全な観光資源と、若者が享楽的に過ごす猥雑《わいざつ》なエリアが同居する多様な観光地として、とりわけドイツ人の来訪が多い。二〇一四年の統計では、ドイツ人が三七三万人と圧倒的に多く、次にイギリス人が二一七万人と続く。実際、空港でも町中でもドイツ語表記の看板や表示を数多く見かける。スウェーデンなどの北欧諸国やオランダをはじめとするベネルクス三国からの観光客も多く、まさにＬＣＣの伸長と軌を一にして欧州じゅうからバカンス客がやってくる、そんな島となっている。

強力な法律で民泊をコントロール

マヨルカ島を訪れてまずヒアリングを行なったのは、バレアレス州政府の観光局と、マヨルカ県の観光局である。

言うまでもなく、日本が国、都道府県、市町村と行政が階層的に役割を分担しているように、スペインも中央政府の下に一七の州があり、日本以上に地域の歴史や文化が異なるため[注11]、それぞれの州政府が大きな権限と役割を持つ。バレアレス州は、イビサ島、マヨルカ島、そして今回は訪れていないがメノルカ島のいずれもが観光を経済基盤に置く島で、交通手段が航空路と海路に限られることや、海に囲まれかつ平地が少ないため地理的に発展の余地がなくオーバーツーリズムの影響を受けやすい脆弱性を持つという共通点があ

注11　言葉一つとっても、カタルーニャ語のほかにも、バスク州で話されるバスク語やガリシア州で話されるガリシア語など、標準スペイン語とは異なる言語が使われている。

る。広い視点で見れば島国である日本も同様の条件を有していて、観光についての課題は共通するものがあるはずだ。それが州政府の話を聞こうと思った理由である。

バレアレス諸島は、年間ほぼ一〇〇〇万人が訪れるマヨルカ島をはじめ、州全体、つまり三つの主要な島に一七〇〇万人が訪れる。わずか五年前のわが国への訪日外国人数が一三四一万人しかいなかったことを考えると、どれだけ多くの観光客がバレアレス諸島を訪れているかが実感できる。最大の課題は、これまでのヒアリングでも出てきた通り、宿泊施設の新規建設の制限、つまり合法な宿泊施設のコントロールと、無許可の民泊施設などの摘発、すなわち違法な宿泊施設のコントロールの両面から観光客数の全体を適切に管理しようとする施策がどこまで実行できるかである。

住宅に関する法律は原則として国の管轄で、一般の住宅に関する法律はすでに存在しているが、民泊に関する法律を他州に先駆けて作ったのがバレアレス州であった。その法律を適用して、これまでに違法な民泊の紹介に加担していたとされるエアビーアンドビー、ホームアウェイ、[注12]トリップ・アドバイザー[注13]には、この法律で各社三〇〇万ユーロという高額な罰金を科したことがあるし、個々の業者にも二一〜三三万ユーロの罰金を科している。

またビッグデータを用いて、島内のエリアを住民とベッド数の密度によって細かく分け、民泊ができるところとできないところを線引きし、合法的な民泊業者には、ベッド一床あたり三〇〇ユーロを払うことでライセンスを発行して営業を許可するようにしている。例えば、オリエントという村では、単位面積当たりのベッド数が住民の数の一〇倍にも達しており、こうしたエリアでは民泊は許可しない。今後は、住民が暮らすエリアと民泊が許可される観光エリアをきちんと色分けして、居住地区のベッド数を極端に絞ることも考えている。こうした徹底的な管理を行なうことで、秩序を取り戻そうとしている。

マヨルカ県庁は、オンラインによるデータ収集と分析に積極的だ。渋滞や駐車場の空き情報もオンラインでリアルタイムの情報を提供し、観光客にストレスがないような誘導を行なうとともに、それが住民のストレスや不快感を解消することにもつながるとして、EUからの補助金なども活用し、観光における「スマートシティ」を目指している、との熱弁を受けた。

注12　アメリカ・テキサス州に本拠を持つエクスペディア系列の世界最大級の民泊情報サイト。
注13　アメリカ・マサチューセッツ州に本拠を置く、旅行情報の口コミサイト。

キーワードは「持続可能（SDGs）」

イビサでもそうであったが、マヨルカ島でも夏のシーズンに観光客が集中するという極端な季節変動がある程度平準化されれば、交通集中など様々な課題のいくつかは解決に向かうと行政の担当者は考えているようだ。冬も比較的暖かい気候を利用して、欧州で盛んなスポーツであるサイクリングのトレーニング基地として積極的にプロモーションを始めている。

自転車レースが盛んなフランスやドイツでは、場所によっては冬場のトレーニングが難しいため、一定のエリアにサイクリストのための練習コース、サイクリストに特化したファッションの店、レストラン、医療施設などを揃え、プロ選手の合宿にも利用してもらえるような態勢を整えており、実際にドイツのチームが利用しているという。

長期的な視野で見れば、「観光」は島の生命線である。マヨルカ島だけ見ても島の総収入の四五％を観光業が支えており、雇用では労働者の三二％が観光関連産業に従事している。地中海には、ライバルとなるリゾートが各地にあり、あまりに抑制しすぎるとあっという間にそれらのライバルに観光客を奪われてしまうことになりかねず、それは避けなければならない。

州政府観光局の担当者は、観光客の数字を伸ばすだけが目的であれば、現在の観光の趨勢を考えるといくらでも伸ばすことは可能だが、しかし重要なのは「持続可能な観光業」が維持できるかどうかだ、という点を何度も力説した。

「経済性」、「社会生活」、「環境」、この三つがバランスよく回らなければ、観光業の発展はない。経済だけを重視して住民の生活が蔑《ないがし》ろにされても発展に永続性はないし、観光にきわめて重要な島の景観の維持も、経済性に劣らぬ重要な課題である。観光客の数ではなく、どういった観光客を受け入れたいか、その客に何を期待するのかを明確にし、そのために強力な法律を作ることで初めて持続可能な観光業が成立する、ということを繰り返し述べていた。

二〇一五年の国連サミットで採択された「持続可能な開発目標（ＳＤＧｓ＝Sustainable Development Goals)」には、二〇三〇年までに達成を目指す一七の目標とその具体的な一六九のターゲットが決められている。その中には「雇用創出、地方の文化振興・産品販促につながる持続可能な観光業を促進するための政策を立案し実施する」、「雇用創出、地方の文化振興・産品販促につながる持続可能な観光業に対して持続可能な開発がもたらす影響を測定する手法を開発・導入する」という、観光における持続可能性についての具体的な目標も定められている。

また、ほかにも「世界の文化遺産及び自然遺産の保護・保全の努力を強化する」、「脆弱な立場にある人々、女性、子供、障がい者及び高齢者のニーズに特に配慮し、公共交通機関の拡大などを通じた交通の安全性改善により、全ての人々に、安全かつ安価で容易に利用できる、持続可能な輸送システムへのアクセスを提供する」（以上は「国連グローバル・コンパクト」から引用。原文のまま）といった遺産の保護や交通についての目標も掲げられている。

「観光」という切り口を通して経済や生活におけるバランスの取れた地域の成長をどう確保するか、観光に携《たずさ》わるあらゆる人に求められる難しいテーマが、バレアレスの島々が模索する中に包含《ほうがん》されているように思われた。

ポルトガルのオーバーツーリズム

スペインの調査の話を延々としてきたが、スペインの隣、中央ヨーロッパから見ればスペインよりもさらに西の辺境に位置するポルトガルについて少し触れておきたい。私は二〇一七年夏に訪れた。

ポルトガルの首都、リスボンの南西部にある世界遺産「ベレンの塔」。長い行列ができていた（2017 年 8 月）

このときの調査では、それほど広くないポルトガルの国土[注14]をほぼ縦断し、マデイラ諸島を除く、ポルトガル本土の世界遺産はすべて現地踏破を完了した。ポルトガル訪問は一九九〇年以来二七年ぶりであったが、当時の素朴で農漁村の暮らしがそのまま垣間《かいま》見られるような雰囲気は、今回まったく吹き飛んでいた。

首都リスボンでは、町の中心部、海のような広がりを持つテージョ川の河口に面して、「発見のモニュメント」「ベレンの塔」「ジェロニモス修道院」などのポルトガルを代表す

注14　面積はおよそ九万二〇〇〇平方キロで、北海道より一回り大きい程度。

る観光施設が並んでいる。内部に入場できるベレンの塔とジェロニモス修道院では、訪れたのが九月の初めで夏の観光シーズンは終わりを迎えようとしていたころだが、入場開始時にはどちらも大行列ができていて、入場待ちの列はなかなか短くならなかった。

第二の都市ポルトは、市街地が狭いだけにさらに観光客の密集度は高く、街のシンボルとなっているドゥロ川にかかるドン・ペドロ橋の歩道は、行き交う人でぎっしり埋まっており、思うように歩けないほどであった。

さらに、リスボン郊外で王家の夏の離宮があったシントラ（宮殿やその周辺の景観が「シントラの文化的景観」として世界遺産に登録）では、王宮付近の大混雑に加え、山の中腹にあるペーナ宮殿へ至る狭い道路に観光客が停めたマイカーが延々と連なり、車の通行の妨げになるくらいのひどい混みようであった。おそらく地域の住民にとっては車の出し入れが億劫《おっくう》になるほどのありさまである。

ポルトガルの二〇一七年の観光客受け入れ数は、日本の半分以下の一五四三万人で世界第二四位とそれほど高くないが、人口は一〇三〇万人（二〇一七年）程度と、日本の一〇分の一以下であることを考えると、海外からの旅行者の割合はかなり高いと言える。人口の一・五倍もの外国人観光客を受け入れている計算になるからだ。

夕食を摂ったリスボンのドン・ペドロ四世広場周辺も、レストランはすべて観光客向けで英語のメニューの看板が林立している。そして、どれもポルトガルにしては結構な値段の料理が並んでいる。地域の住民たちが気軽に食事を楽しめる店は、この界隈《かいわい》にはないのではないかと思うほどの変貌ぶりに、あらためて驚きを禁じ得なかった。

このリスボン、国が旗を振って観光客誘致に邁進《まいしん》し、民泊を奨励してバルセロナ同様住宅が民泊に姿を変えた結果、中心部の住宅価格が一気に二割前後も高騰したとされており、今後、オーバーツーリズムの課題が一層噴出しそうな状況である。

景観重視で車を排除

フランス南西部、オクシタニー地域圏にアルビという中世の街並みを残す小さな町がある。フランスの化粧品メーカーで、オーガニックコスメの分野で世界各国に進出し、日本でもよく見かけるようになった「ロクシタン（L'Occitane）」は、「定冠詞＋オクシタン」の意味で、まさにオクシタニー地方が名前の由来となっている。

アルビには世界最大級の煉瓦《れんが》造りのサント・セシル大聖堂があり、大聖堂とかつての宮殿、そしてそのまわりの街並みが「アルビ司教都市」として二〇一〇年に世界遺産に登録

アルビのサント・セシル大聖堂前広場。かつては駐車場だったが、今は車は乗り入れできない。（2017年2月）

された。登録に前後して中心街の景観整備に力を入れたということから、その様子を見に私は二〇一七年二月、現地で調査を行なったことがある。

大聖堂には、世界遺産登録前後に旧市街をどのように整備したかを示す多くの写真がパネルで展示してあり、興味をそそられた。聞けば、世界遺産登録の話が出るまでは、旧市街のど真ん中に建つ大聖堂の周囲の広場は、市民の駐車場になっていて誰でも車を停められた。しかし、世界遺産の登録物件の中心でもある大聖堂の周囲は、すっきりとした美観地区にすることを市が決定、駐車場は閉鎖され、旧市街の入口に地下駐車場が造られた。それとともに、旧市街のいくつかの道路は車の通行も禁止され、旧市街から車の姿はかなり消えた。そうした準備を経て、見事世界遺産の栄誉を勝ち取ったのである。

また、これまで旧市街には小ぶりな古いホテルしかなく、世界遺産を持つ都市としては宿泊施設の整備という点でかなり遅れていたのだが、景観に配慮した古い建物のリニューアルによるホテルの開業は認められ、フランスで盛んな「シャンブル・ドット」という貸し部屋も含め、旧市街には世界遺産登録後、いくつか新しい宿泊施設が誕生している。

しかし、その一方で、住民の郊外へのスプロール現象が始まっている。その理由は、車が旧市街に入りづらくなったこと、車を停めて買い物ができる大型のショッピングモールが郊外に相次いでできていること、またアルビはオクシタニー地域圏の中心都市で、フランス第四の都市トゥールーズへの通勤者が多く、高速道路を使えば四五分程度で通勤できることからも、高速道路のインターチェンジに近い郊外に自宅があったほうが便利だと考える人が少なくない、などである。

スペインのバルセロナやバレアレス諸島のように、家賃の高騰による郊外への移住ではないが、世界遺産の都市にふさわしい景観を目指して車を締め出したことが、結果として住民の郊外への流出を促した結果となり、旧市街で商売をしている人たちには痛手となっている。

世界遺産であろうがなかろうが、あるいは観光客のためであろうがなかろうが、都市のシンボルである大聖堂の周辺から車を締め出して美観を整えたことは、地域住民の目から見ても好ましい要素があるし、長い目で見ればアルビに持続的に観光客を呼び込み続ける悪くない決断だったと思われるが、一方でその施策により一部の住民に対しては、旧市街と生活を切り離してしまうデメリットがあったと考えられる。

住民が住まない街に残された観光資源と、住民の生活の息吹が感じられる観光資源、どちらが訪問者をより良くもてなすことができ、より良い印象で帰路についてもらえるだろうか？　ここにも観光と生活の折り合いの難しさが潜《ひそ》んでいるように思う。

アジアの新興国でもオーバーツーリズムが

これまで地中海の有名観光地を中心にオーバーツーリズムのありようを見てきたが、近年は世界遺産の登録に伴って観光客が一気に増加し、静かな生活の場が観光客で溢れかえるという状況が東南アジアでも見られるようになった。

ベトナムのハロン湾やホイアン、マレーシアのマラッカ、カンボジアのアンコール遺跡群の玄関となるシェムリアアップ、そしてここ数年変貌ぶりが著《いちじる》しいラオスのルアンパバーンなどである。

ポル・ポト政権の崩壊後平和が訪れ、二〇〇〇年代に入って急速に観光地化が進んだシェムリアアップ。郊外の国際空港から市街地までの間、延々と新しいホテルが続き、カンボジア最大の観光地となったこの町を追うように、現在、日々変貌している新たな観光都市がルアンパバーンである。

この町へは、二〇一八年一月にバンコク経由で訪れた。ラオスの首都ビエンチャンから北西へ五〇〇kmあまり、メコン川中流域に接して広がる古都は、一九九五年に世界遺産に登録されて一〇年ほどを経た二〇〇五年ごろから、ラオスの経済発展に歩調を合わせるかのように、観光地としての知名度が上がり始めた。特にネット社会となったことで、口コミサイトなどで、バリ島やシェムリアアップほど俗化されていない「穴場」であることが欧米人を中心に広まり、二〇一五年に英国の旅行雑誌「ワンダーラスト」[注15]で、「世界中の観光地で最も満足度の高い都市」で第一位に選ばれるなど、その魅力が拡散されるようになった。

緩《ゆる》やかな丘陵に囲まれた盆地の、豊かな緑の中に低層の建物が連なるこの町は、ラオス

注15　一九九三年に創刊されたイギリスの旅行専門雑誌。「Wanderlust」は、旅行癖、放浪癖といった意味。読者投票で人気の旅先を選ぶトラベル・アウォードを毎年発表しており、ベストシティ部門で、二〇一七、一八年と二年連続で京都市が第一位に選ばれている。

様式の数々の寺院と王宮、フランス植民地時代の建物、メコン川をはじめ周辺の豊かな自然とそれを楽しむアクティヴィティなどの観光資源が揃い、またまだ町の中に色濃く地元の人たちの暮らしが息づくさまなどが欧米人に好まれているようだ。巨大なホテルはまったく見当たらず、小規模なホテルやゲストハウスが町の中に散らばり、朝食を食べるテラスからは、野菜や魚を籠《かご》に背負った地元の人たちが行き交う様子が手に取るように眺められる。私自身も時間がゆったりと流れる居心地が良い町だという強い印象を受けた。

ルアンパバーンで最も多くの観光客を一度に見ようと思えば、朝少し早起きして、まだ暗いうちから市の中心部へ繰り出すのが一番だ。地元の寺で修行する僧たちが集団で托鉢《たくはつ》する姿に出会えるのがこの町の大きな見どころで、それを見ようと観光客が集まってくるからだ。敬虔《けいけん》な仏教国であるラオスでは、男性は青年期までの間に一時期仏門に入るのが普通で、列をなして托鉢をする僧侶に対して、地元の人がご飯やお菓子を順番に渡す「喜《き》

ラオスの古都、ルアンパバーンにて。毎朝早く、修行僧たちが托鉢で町を回る。それを取り巻いてカメラを向ける観光客の数のほうが多いくらいだ（2018年1月）

捨《しゃ》」の様子を写真に収めるために、観光客は早朝の早起きをものともせずシャッターを切り続けるのが毎朝の光景となっている。

実際に現場に立ち会ってみると、確かに観光客に人気だとは聞いていたが、僧侶の数よりもそれを取り巻く観光客のほうがはるかに多い。托鉢はようやく夜が明け染めるころに姿を見せるので、フラッシュを焚《た》く観光客が少なくなく、しかも一部の観光客は列に触れんとするほど近づいていて、見るからに迷惑をかけているという様子がありありだ。

托鉢はルアンパバーンのまさに生活の一部であり、喜捨をする村人とそれを受ける僧侶の深い結びつきで成り立つ日常の風景であるが、それが日本人など仏教徒にはシンパシーとノスタルジーを、欧米の観光客にはエキゾチシズムを喚起して、どんどんカメラを近づけてしまっている。「喜捨」を観光客に体験させるために、僧侶に与える食事のセットを観光客に買わせているところも目撃した。だが、そこまでいくと托鉢は観光イベントの一つになってしまいかねない。

ルアンパバーンは、急速に観光地化が進んでいるとはいえ、首都をはじめ国内の主要都市からの陸路は不便で、一般の旅行客の足を支えているのは小さな国際空港だけと言ってよい。二〇一九年現在、ルアンパバーンからフライトがある国外の都市は、バンコク、チエンマイ（以上タイ）、広州《こうしゅう》、景洪《けいこう》（以上中国）、クアラルンプール、シンガポール、ハノイ、シエムリアップと近隣に限られているので、その座席数以上の観光客は基本的に入ってこない。しかし、バリ島・デンパサールや、フィリピン・セブのように空港が近代化されてフライトが増えれば、この素朴な町の様子は一気に変わるかもしれない。

僧侶と地域住民が永年仏教徒である証として繰り返してきた托鉢と喜捨の仕組みが、これ以上観光地化が進めば危うい状況になりかねない——そんな瀬戸際に、町が今あるように思えるルアンパバーンでの滞在であった。

第五章

観光公害を解決するには

――混雑、騒音、環境破壊……「お客様は神様」とは限らない⁉

京都の市バス改革

これまで述べたオーバーツーリズムの現状を踏まえ、これらをどのように解決していくか、そのヒントになるような動きを本章でまとめたい。まずは、市バスの混雑と遅延対策が具体的に進み始めた京都市の取り組みである。

二〇一八年から一九年にかけて、混雑ぶりなどが報道されて認知が広がるにつれ、市バスを運営する京都市交通局も矢継ぎ早に対応策を打ち出している。

二〇一八年三月には、市バスから地下鉄へ利用者を誘導する目的で、市バスの一日乗車券(「バス一日券」)を大人一人五〇〇円から六〇〇円へと値上げする一方、市バスと地下鉄の両方に乗り降り自由な一日乗車券(「地下鉄・バス一日券」)を一二〇〇円から九〇〇円へと大幅に値下げした。三〇〇円の差で地下鉄が乗れるようになれば、二一〇円の初乗り区間を二回乗るとその差は逆転する。加えてこの一日乗車券は、バス一日券では乗車できなかった京都京阪バスも対象とし、これまで自由区間外だった山科《やましな》・醍醐地区でも乗れるようにした。一九年三月には、市バスと地下鉄を同日中に乗り継げば一二〇円を割り引く施策も始まった。二一〇円の地下鉄初乗り運賃が実質九〇円で乗れるわけである。

バスと地下鉄は目的地が異なるので、観光客の代替手段にならないように見えるが、例

（左）京都の主要観光地のバス停では、連休時などに観光路線と生活路線の乗り場を分ける社会実験が行なわれている。写真は金閣寺道バス停（2019年4月）（右）乗降方法も47年ぶりに変更。京都駅烏丸口100系統の乗り場には「前乗り／運賃先払い」の表示が（2019年3月）

えば京都駅から金閣寺に行く際、直行バスもあって便利だが、時間的には京都駅から地下鉄烏《からす》丸《ま》線に乗り北大路《きたおおじ》駅でバスに乗り換えると、通常でも五分から一〇分ほど早く着く。京都の南北の道路移動は、交通渋滞に巻き込まれる可能性があるので、メインの移動を地下鉄にして迅速に北上し、そこから先だけバスを使う乗客が増えれば、直行バスを利用する観光客はその分減少する計算になる。実際、発売後一カ月あまりで、地下鉄・バス一日券は前年同時期に比べ三倍以上の売り上げを記録、販売面だけ見れば、一部の乗客が地下鉄にシフトした可能性が高いことをうかがわせるデータとなった。ただし、それでも地下鉄・バス一日券の販売枚数はバス一日乗車券の一〇分の一程度とかなり少ないため、目に見えてバスが空《す》くようになったとはいえないだろう。

二〇一八年末には、第一章でも取り上げた京都駅〜銀閣寺を結ぶ一〇〇系統のバス車両に、「翌一九年から車内に大型の荷物スペースを設ける」との発表が行なわれ、実際三月から座席を一部取り外してキャリーバッグを六個程度置けるようになった。また、この系統に限って、これまで「後乗り、前降り（後払い）」に統一されていた市バスの乗降方法を三月一六日から「前乗り、運賃先払い」、つまり乗車時に運転手に運賃を払う方式に四七年ぶりに変更、降車する際にバスが混雑していれば前後どちらの扉からでも降りられるようにした。降車時間の短縮につながることを期待しての変更である。

また、二〇一九年春から、主要観光地の最寄りのバス停で、市民が主に使う生活路線と観光客が多い観光路線の乗り場を分離するという試行が始まっている。バスの運行本数や行き先を変更するわけではないが、これまで市民と観光客が混在して長い行列となり、狭い歩道がバス待ち客に占拠されていたのを、乗り場の分散により、列を短くして乗客、歩行者両者のストレスを軽減しようとする試みである。

さらに、二〇一九年に入ってから観光地を結ぶ路線で、等間隔でバスを運行する、いわゆる循環観光バスの運行も始まった。これは京都市営バスではなく京阪バスによる運行で、観光客は一定の運賃を払えば、自由に途中下車しながら観光できる。路線バスに近い観光専用のバスである。ハワイ・オアフ島で旅行事業者が観光客向けに運行するワイキキトロリー（詳しくは後述）や、新潟市（新潟駅から水族館、市美術館、朱鷺《とき》メッセなどを結んで一日に七〜一三便程度運行、一日乗車券大人五〇〇円）、萩《はぎ》市（萩市役所を起点に二ルートを運行、一日乗車券大人五〇〇円）など各地で見られる循環観光バスの初めての本格導入である。京都ではこれまでも「K'Ｌｏｏｐ」と名付けられた循環型の観光路線があったが、現在では運行は月に一日だけで、運行間隔もかなり長いため、実用的とは言いがたかった。

とはいえ、これらは言ってみれば対症療法の側面が強い。混雑の緩和のためには、バスの増発や路線の根本的な再編なども必要だが、京都市バスは今、運転士不足という現代の運輸業界に共通した悩みに直面している。これまでもいくつかの民間会社に運行の一部を委託していたけれども、そちらの会社のほうも人手不足で、二〇一九年からはこの委託の一部を取りやめている。

また、バスを増やせば、もう一つの根本問題である渋滞に拍車をかけることになる。とすれば、地下鉄や路面電車（ＬＲＴ）など鉄道網の整備に期待がかかるが、地下の掘削《くっさく》は千年の古都だけあって埋蔵文化財への注意が必要であるし、そもそも膨大な建設費を投入しても回収できる見込みは薄い。欧州や近年ではアフリカやアジアでも復権が進むＬＲＴは有効な手段ではあるが、こちらも工費の問題は大きいし、現在の道路にＬＲＴを敷《し》くゆとりがあるかどうかを考えるとかなり苦しい。一連のバス改革がどんな効果をもたらすのか、今後も間近でウォッチを続けたい。

観光機会の平準化とは

京都市が混雑緩和の施策としてこれまで取り組んできたことの一つに、観光機会の「平準化」がある。一定の施設に一定の時期、観光客が集中しないようにする試みだ。

年間に一〇〇〇万人の観光客が来訪するとしても、毎日均等に同じ人数であれば、一日の観光客は三万人に満たない。しかし、曜日や季節によって観光客数は大きく変動する。一日一〇万人を超す日もあれば、一日一万人に満たない日もある。このため、一〇万人を超すような日に「混雑」が発生するわけである。

実は、京都市の観光の平準化は、季節に限って言えばデータの上ではかなり進んでいると言ってよい。しかもそれは、今問題になっている外国人観光客が平準化に寄与しているという皮肉な面もある。例えば、日本人は春の大型連休や年末年始に休日が集中するため、観光地が混雑する。しかし、四月末から五月の初めに連休となるのは、世界的に見ればほとんど日本だけである。したがって外国人観光客がこの時期に日本に集中して訪れるという現象は見られない。むしろ、日本への航空運賃や宿泊代が高くなるので、この時期は避けたほうが賢明だという情報も、このネット時代であれば外国人観光客に伝わっているだろう。

京都を訪れる観光客で最も多い中国で、海外旅行熱が高まる長期休暇は、二月（旧暦では一月）の春節《しゅんせつ》と、一〇月一日の国慶節《こっけいせつ》のころで、この時期の京都に来る日本人観光客はそれほど多くはない。次に多い韓国も秋夕《チュソク》の休暇がよく知られているが、陰暦の八月一五日なので、たいてい九月になる。欧米ではクリスマス休暇が一般的だが、これも日本の年末年始休暇より少し前になるので、日本人の長期休暇とは微妙に重ならない。

実際、「京都観光総合調査」で京都への入込《いりこみ》客数の最も多い月と少ない月を比較すると、二〇〇三年には最も少なかった二月が一八六万人に対し、最も多かった一一月が六八六万人と三・六倍もの格差があったが、二〇一七年には九月の三七三万人に対し、三月が五四三万人で一・五倍へとかなり縮まっており、平準化はすでに進んでいると言える。

しかし、桜と紅葉という二大イベントの時期は、連休のシーズンではないが、日本人だけでなく外国人の訪問も増えており、この時期の京都市内の混雑やホテルの取りにくさは慢性的となってしまっている。

もう一つの「平準化」のターゲットは、訪問先の平準化である。第一章で紹介したように外国人観光客が訪れる京都を代表する観光スポットは、日本人にとっても必ず訪れたい場所であり、メジャーな場所に人が集まる一方、少し離れて知名度が下がると途端に人出は少なくなる。平安神宮はいつも多くの観光客で賑わっているが、すぐ近くにある無鄰菴《むりんあん》(琵琶湖疏水《そすい》の水を引き東山を借景にした京都を代表する近代庭園を持つ山縣有朋《やまがたありとも》の別邸)はそれほどの混雑にはならない。金閣寺が息の詰まるほど混雑する時でも、寺域も広く国宝の建物や名勝庭園、名画が多い大徳寺や妙心寺は、それほどの混雑は見られない。

いや、自分だって初めてパリに行ったら、やはりエッフェル塔、凱旋門、ルーブル美術館、ノートルダム大聖堂などの定番へは必ず足を運ぶであろうし、ロンドンに行けば、ビッグ・ベンを仰《あお》ぎ、ロンドンブリッジをバックに写真を撮るだろう。メジャーなところは混んでいることがわかっていても、誰でもそこへは行きたいものである。観光地に知名度

「庭鏡」のスポットとして新たな名所となった「旧邸御室」。2018年から期間限定で公開を始めた（2018年5月）

の差や評判の優劣があれば、訪問者の数が平準化しないのは当然であり、ガイドブックやインターネットの動画ですばらしい金閣寺を見て実際に足を運びたいという人に、「金閣寺は混雑していて楽しめないから大徳寺にしましょう」と言われても、その提案に従う人はほとんどいないと思われる。

しかし、近年そんなウルトラCを実現するツールが登場している。インスタグラムやユーチューブなどの、国境を超えた動画や画像のインパクトである。これまで観光地ではなかったところが一躍脚光を浴び、そこに観光客が集まって、全体としては「平準化」に近いことがもたらされるという現象は京都でも起きている。

その一例が左京区八瀬《やせ》にある「瑠璃光院《るりこういん》」であろう。以前は非公開であったが、近年、新緑と紅葉の季節に公開されるようになった。書院の二階にしつらえられたテーブルに周囲の庭の木々が映り込み、上下対称の美がすぐ目の前で見られる。とりわけ紅葉が座卓に映るさまがインスタに上げられるとたちまち評判を呼び、一気に晩秋の洛北観光のハイライトの一つになった。敷地も建物も狭いので、ここでも残念ながら入場に長蛇の行列ができてしまっているが、ここが賑わうことで、多少でもほかの定番スポットの拝観客が減れば、それは平準化に多少は寄与するであろう。

庭が座卓に鏡のように映る「庭鏡」のスポットは、二〇一八年にも新たに京都観光の名所に加わった。仁和寺に近い国登録有形文化財の「旧邸御室《きゅうていおむろ》」である。京都市観光協会の「京の夏の旅」キャンペーンに取り上げられ、民放の番組でこの庭鏡が紹介されたこともあって、一定の観光客を集めた。翌一九年も新緑の季節に初めて公開し、新たなスポットになりつつある。これが定番観光地の混雑をすぐに格段に和《やわ》らげるわけではないが、観光客が分散していくことで、長期的には過度な集中は防げる可能性がある。

ハワイ・オアフ島のトロリー

二〇一九年二月、私は学生の研修の引率でハワイ・オアフ島を訪れた。恥ずかしながら海外七〇カ国以上を訪れていながら、いつでも行けると高を括《くく》っているうちに行く機会を逸《いっ》し、今回が初めての訪問であった。

学生の研修の移動の足として、四日間利用できる「ワイキキトロリー」という前述した主に観光客向けの島内の周遊バスを利用したため、私自身もこのトロリーを使いながら、大観光地ハワイの公共交通事情について観察する機会を得た。その結果、ハワイに詳しい方には何を今さらという感もあろうが、ハワイでは市民が移動に使う公共交通機関と、観光客が利用する交通機関がほぼ分離されており、京都で問題になっているような「市民と観光客の混載による混雑・混乱」という状況が起きていないということを、身をもって体験した。

ハワイも車社会アメリカの一部であるため、市民の多くはマイカーを所有し、通勤や用務・レジャーに利用している。しかし、もちろん公共交通のほうが便利な場合もあるし、運転しない、あるいは車を利用しない住民のために、京都のバス同様「ザ・バス（The Bus）」と呼ばれるバス網が整備されており、一般の観光客も利用できる。とはいえ、日本でもそうであるように慣れない海外からの観光客がバスを乗りこなすのは容易ではない。ハワイのバス停には、発着する路線番号の表示はあるが、時刻表も路線図も掲示されていないし、運賃（利用区間に関係なく、大人一回二・七五ドル）の支払いも現金のみで、しかもお釣りが出ない。なお、地元の利用者は、定期券、一カ月有効パスなどの利用が多く、運転手に現金で運賃を支払っているところはまったくと言ってよいほど見かけなかった。

その一方、ワイキキのメインストリートで、ザ・バスよりも頻繁《ひんぱん》に通りを走るのを見かけるのが四種類の「トロリー」と呼ばれるバスである。一般にトロリーバスと言えば、屋根の集電ポールを通して架線から取った電気を利用して走るバスを指すが、ハワイのトロリーは、もともとサンフランシスコのケーブルカーを模して運行が始まった経緯があり、アメリカ英語では路面電車をトロリーと呼ぶ場合もあるため、この呼称が採《と》られている。

ハワイのトロリーのスタートは、一九八六年。エノアという会社がわずか二台のバスで運行したのが始まりである。現在、事前にチケットを買えば誰でも乗車できる「ワイキキトロリー」（これが、エノアが始めたトロリーが発展したもの）が基本の五路線を運行しているほか、日本の旅行会社のツアー客をターゲットに運行するルックＪＴＢの「オリオリトロリー」、H.I.S.の「レアレアトロリー」、JALパックなどが運行する「レインボートロリー」の四つの異なるトロリーが運行されている。

この四種は、運行ルートや本数に各社特色があって異なるうえ、毎年のようにルートや時間が変更されるので、詳細に説明すればきりがないが、どれも観光客が立ち寄りたいポイントを結んで一定間隔で運行されており、もっぱら事前に乗り放題のチケットを購入するか、各社の主催するツアーに参加すれば利用できるようになっている。ちなみに、JTBハワイが運行するオリオリトロリーの運行開始は一九九五年。年間利用者数は四〇万人あまりとなっている。

バスの利用で市民と観光客の分離が実現

このトロリーとザ・バスは同じバス停で前後に並ぶように運行し、前者には観光客然とした浮き浮きした表情の人々が楽しげに乗り、後者には地元の方と思しき方が乗っている。そうした様子を見て私が真っ先に感じたのは、トロリーの運行のきっかけはその目的のためではなかったにせよ、結果としてホノルルに押しかける大勢の観光客と市民が、バスの移動に関してはおおむね分離されていることへの率直な感嘆である。

もちろん、ザ・バスにも観光客は乗車できる。トロリーが走っておらず、ザ・バスでしか行けない観光スポットもある。一方で、ワイキキトロリーのほうも誰でも乗車可能なので、聞くところによると地元の方の利用もあるとのことだが、ハワイに住み慣れた何人かの日本人に聞いてもトロリーを利用するという方はいなかった。

たしかに観光客、特に英語やアメリカのバスの乗り方に不慣れな観光客にとってみれば、トロリーははるかに使い勝手がよく安心である。ザ・バスは、次のバス停の案内を電光表示と自動アナウンスで行なう一方、トロリーでは運転手が車窓案内も含めて停留所の案内もきちんと（日本人以外の利用が多いワイキキトロリーでも、ときには日本語も交《まじ》えて）行なってくれるので、やはりトロリーのほうが観光客にとっては便利である。

もちろん、オアフ島と京都では、観光客の移動パターンや道路構造の違いもあって一概に比較するのは難しいが、市民が一般に利用するバスとは異なった、観光客が使いやすい公共交通手段があることは、市民のストレスを一定程度緩和しているだろうということは推測できる。なお、ザ・バスは大きな荷物の持ち込みは禁止されており、京都で問題になっているような、観光客がスーツケースやキャリーバッグを持ち込んで迷惑をかけるという事態は起きていない。

（上）ホノルル市民の足「ザ・バス（The Bus）」の乗り場　（下）日本人を中心に観光客の移動の足となっているトロリー。写真は「ワイキキトロリー」。このほかにも日本の旅行業者が運行するトロリーがある。
ザ・バスとトロリーは、どちらもオアフ島の公共交通機関だが、ザ・バスの乗客が地元市民中心であるのに対し、トロリーのほうは観光客中心と、分離が進んでいる。観光公害解決へのヒントになるかもしれない　（いずれも2019年2月）

また、バスの分離はできていても、オアフ島、特にホノルル周辺は渋滞がひどく、バスが渋滞に巻き込まれるという意味では、トロリーもザ・バスも同様である。オアフ島では、島の西部からホノルル空港、ダウンタウンを経由してワイキキ周辺までを結ぶ鉄道の工事が進んでおり、一部は二〇二〇年に開業できるとも言われているが、まだ具体的な運行開始のめどはたっていない。開業すればオアフ島の公共交通機関のありようも変化すると思われるが、長い歴史の中で市民がもっぱら利用するバス路線のほかに観光客の利用を前提とした交通機関が存在することは、「観光公害」を考えるうえで大きなヒントになろう。

ハワイで「平準化」していない日本人

交通の分離から少し脱線するが、ハワイの各地を回って感じるのは、日本人観光客の密度が地区によって全然違うことである。二〇一九年の訪問で現地の日本人から聞いた「日本人は、ハワイの中でもオアフ島が大好きで、その中でもホノルルが大好き、そしてその中でもワイキキが大好き」という言葉は、町を歩くと実感できる。ワイキキの中心を貫くカラカウア・アヴェニューを歩いていると、周囲から日本語が聞こえない時間はないほど、舗道を歩く観光客は日本人ばかりである。訪日外国人が押し掛ける大阪・心斎橋《しんさいばし》周辺のほうが、日本人の割合が少ないくらいである。

ところが、ホノルルのダウンタウンへ向かうと一気に日本人の姿は減る。さらにパールハーバーやオアフ島の西部、北部に足を延《の》ばすと、日本人はアメリカ・カナダ・豪州などの観光客に紛《まぎ》れて本当に目立たなくなる。オアフ島滞在の後、ハワイ第二の都市であるハワイ島のヒロという町に滞在したが、日系人と思しき地元の人には多く行き会ったが、日本人観光客にはついぞ出会わなかった。

京都で「平準化」が必要だと述べたが、私たち日本人は、以前に比べてはるかに旅慣れ、ハワイへのリピーターも多いはずなのに、外国人の京都の特定の観光地への集中度以上に、実はまったく平準化はなされていないと言えよう。ハワイ州観光局のデータ（二〇一五年）によれば、日本からハワイ州への渡航者数は一四八万二〇〇〇人で、うちオアフ島へは一四三万七〇〇〇人、つまり実に九七パーセントの日本人はオアフ島に足を運ぶ。ハワイ島へは一四万一〇〇〇人とオアフ島の一割以下、マウイ島へは五万九〇〇〇人とさらにその半分以下となっており、オアフ島への集中度が際立つ。

ハワイ全体で観光客が最も訪れる施設・アトラクションは、ハワイ島にある世界遺産

「ハワイ火山国立公園」で、世界各地から年間一八三万人が訪れているが、日本人のハワイ島渡航者の全員が国立公園を訪れても一四万人と一割以下に過ぎず、ハワイ全体の観光客のうち日本人が一七・一%を占めていることを考えれば、ハワイ島への渡航者数の低さ、言い換えればオアフ島やホノルルへの集中度が他国の観光客以上に高いことがうかがえる。

来訪者の国別の滞在日数を比較すると、アメリカ西部からの観光客が九・二八日、同東部からの観光客が一〇・三日、オセアニアからが九・五三日であるのに対し、日本は五・八六日しかなく、滞在日数が短い分、オアフ島のほかに足を延ばしていないであろうことが推測される。訪問地の平準化を外国人観光客に求めたい京都市であるが、足元の日本人が「著名観光地に集中」してしまっている状況を見ると、そう簡単ではないことがわかる。

市民と観光客の分離——中国・コロンス島の場合

話を交通機関における「分離」に戻したい。市民と観光客の交通機関を分離している一つの典型例を中国で体感した。福建《ふっけん》省の中心都市のひとつである厦門《アモイ》の中心市街地の目と

厦門とコロンス島を結ぶ観光客専用の渡船。市民が利用する船とは、乗り場も船も別になっている（2019年1月）

鼻の先に浮かぶ小島、コロンス島（中国名、鼓浪嶼《グーランユー》）である。二〇一九年一月、私は世界遺産の調査のためにこのコロンス島を訪れた。二〇一七年にこの島が単独でユネスコの世界遺産に登録されたからである。

　厦門は、アヘン戦争後の一八四二年に列強に対して開港した当時の清《しん》の五港のうちの一つで、コロンス島は共同租界《そかい》とされ、列強各国の領事館や華僑《かきょう》の別邸などが相次いで建てられた。多くのコロニアル建築が今に残ることから世界遺産に登録されており、見どころが多いために登録以前から中国人の国内旅行の訪問先として人気を博し、二〇一〇年には訪問客が五〇〇万人を超えた。

　コロンス島と厦門の中心市街地はわずか数

百メートルと指呼《しこ》の間にあり、その最も狭い部分に市街地と島を結ぶ渡船がある。以前は市民も観光客もこの渡船を利用していたが、二〇一四年になって市街地の北郊に新たな旅客船ターミナルが完成。それに伴って厦門市民は従来通り島に一番近い輪渡埠頭《ルンドウ》へ、市民以外の中国人観光客や外国人観光客は、新しい東渡埠頭《ドンドウ》へと乗り場及び乗船する船も分離され、島側の到着港も別になった。市民と観光客は、島内ではもちろん顔を合わせるが、アクセスの過程においてはまったく接点がなくなったのである。

船の運賃も観光客のほうが高く設定されている。市民は片道四元（一二〇円程度）だが、観光客は往復で船の便にもよるが三五元から五〇元、つまり一〇〇〇円以上かかる。しかも旧市街から東渡埠頭までは路線バスで一～五元、タクシーで一〇元程度の出費がかさむ。明らかに観光客は、島に行くために割高な費用を負担し、面倒なルートを取らなくてはいけなくなってしまったのである。

この時の訪問では、観光客の九割以上は中国人で、外国人の姿はあまり見かけなかった。これは中国の多くの観光地に共通している現象で、一四億人もの民族がまずは国内旅行に出かけるようになり、中国国内の観光地の多くでは中国人による混雑が見られるようになっている。

コロンス島は、新幹線も空港もある大都市に近接したコンパクトな観光地であり、また厦門は、福建土楼《どろう》や武夷山《ぶいさん》といった世界遺産へのアクセスも良いため、国内外を問わず、これからさらに観光客の増加が見込まれる。観光客にとっては運賃、アクセスルートとも以前よりはマイナスの方向へと対応が変わったと言えるが、逆に言えば市民のアクセスを守るための英断でもあり、これも観光公害の抑制を考えるうえでは、一定の効果がある方法と言えそうだ。

ヴェネツィアの水上バスでも分離が

第四章で述べた水の都ヴェネツィア。この町は公共交通という観点で見れば、きわめて脆弱と言える。町の入口までは鉄道（イタリア国鉄とＬＲＴ）や道路があるが、一歩運河に囲まれた市街地に入ると、鉄道はもちろん車が走れる道路もなく、自転車ですら走行が禁止されている。市民も観光客もヴェネツィア内の移動は歩くか船しかないのである。

ヴェネツィアの船と言うと、旅情溢れるゴンドラが思い浮かぶが、島内に住む人、島内のホテルやショップに島外から通う人などヴェネツィアで生活をする人の足は、「ヴァポレット」と呼ばれる水上バスに依存している。同様にヴェネツィアを訪れる観光客の移動

市民の足であるとともに観光客輸送も担うヴェネツィアのヴァポレットは常に混雑。しかし市民が優先される（2018年3月）

の足もこのヴァポレットである。観光スポットを見て回るのも、別の島に移動するのもこのヴァポレットなしでは成り立たない。

ヴェネツィアは、前述のように市街地に住む人口はきわめて少ないが、観光客向けのホテルやレストラン、様々なショップなど働き口は多く、その多くが島外から通勤してくる。もちろん、観光客も多い。これらの多様な人がヴァポレットに集中するため、ヴァポレットは常に混んでいるし、二〇一八年に訪れた際も満員のヴァポレットが待っている我々の目の前を素通りするという悲しい目に遭《あ》った。

しかし、こうした中でもヴェネツィアは、観光客よりも市民優先の施策を打ち出している。バス停のように島の各地にある停留所で、市民と観光客の乗り場を分けているのである。ヴァポレットが到着して乗客の下船が済むと、まず市民の乗り場の扉を開けて乗船させ、そのあとに観光客が待つ扉を開ける。場合によっては市民が乗って満席になると、観光客のほうの扉を開けることなく、船はそのまま出発していく。観光客として待っている身にはつらいが、市民にとっては観光客に左右されず優先乗船ができて、ストレスを感じなくて済むだろう。

といって、不便を感じた観光客はヴェネツィアに来なくなるかというと、そうはならない。世界に例がない、ここに来ないと味わえない観光資源がある以上、観光客は多少の不便は我慢できるのである。しかも、コロンス島同様、運賃にも市民と観光客で格差がある。観光客は一回の乗船が七・五ユーロ（二〇一九年四月のレートで九〇〇〇円を超す）とかなりの高額だ。

観光客と市民の公共交通機関の利用をどう振り分けるか。もちろん、都市ごとにバックグラウンドが異なるので、すぐに他都市の例を導入せよと言うつもりはないが、市民を観光客よりも優遇することにより、「観光客も大事だがまずは市民生活を優先する」という思想を持つ国や都市が確実に存在することを知って、あらためて観光と市民生活の折り合いのための優先順位の大切さを実感する。

「江ノ電」の社会実験

第三章でも触れた鎌倉の「観光公害」。その象徴とも言うべき江ノ電の混雑、特に市民が自由に移動できなくなっているほどの混雑の緩和策として、前項で触れた市民の優先乗車の実験が、このローカル私鉄を舞台に行なわれている。

これは、江ノ電の始発駅である鎌倉駅で、ホームへ入場するための乗客の列が改札口の外まで長く伸びて、市民が乗車したい時間に江ノ電に乗れないという事態を少しでも打開するために行なわれた。沿線住民は、あらかじめ申請した市民であることを示す証明書を提示すれば、優先して改札口内に入れるようにすることで、市民の待ち時間の短縮につなげようという社会実験である。

二〇一八年は大型連休中で最も混雑が予想される五月三日（木曜日・憲法記念日）と五月四日（金曜日・みどりの日）に実験を設定。この日の利用予定者は、事前に市民であることの証となる証明書の発行を受け、それを改札口で見せることでホームに入場できることとしたのである。証明書は一四七一枚発行され、三日は乗車待ちの列が改札外まで伸び

平成から令和への改元の 10 連休、江ノ電は大変な混雑に。そんな中で、5月3日から5日にかけて沿線住民を優先乗車させる社会実験が実施された（2019 年5月）

なかったため優先乗車は実施されず、四日のみの実施となった。実際に証明書を提示して改札内に入った市民は八五人で、最混雑帯で二〇分程度待ち時間が短縮されたという調査結果が公表されている。

　この社会実験は二〇一九年の大型連休でも実施され、私も五月三日～五日の実施期間の中日に鎌倉駅を訪れてみた。前日の三日は、改札入場まで最大で一時間近くの待ち時間が発生したが、この日は乗客が前日ほど多くなく、午後になって駅前広場を挟《はさ》んだ反対側の歩道に行列が伸びた時間もあったが、それもすぐに解消したため、優先乗車の必要性は高くない状況でちょっと拍子抜けしてしまった。それでも、改札内のホームも改札前の駅前の歩道もかなり狭く、観光客に埋め尽くされればあっという間に改札制限がかかり、いつ電車に乗れるのかわからなくなってしまう状況には、あらためて市民の大変さが実感できた。

二〇一八年の社会実験に戻ると、証明書の申請者に実施したアンケートでは、七七・五%の市民がこうした取り組みを「とても有意義」あるいは「有意義」と感じ、九三%の方が今後もこの施策を実施してほしいと回答している。また、市民の優先によって待たされる側となる観光客にも、実験当日に乗車待ちをしている利用者にアンケートを行なっており、この取り組みを八割の人が、待たされているにもかかわらず理解できると答えている。アンケートの自由記述欄を見ると、「鎌倉駅以外の駅でも実施してほしい」「大型連休以外のお正月や花火大会の際にも実施してほしい」「一回ごとではなく長期的に使用できる証明書があればよい」といった内容が書かれている。これはまさに、すでにヴェネツィアの水上バスでどれも行なわれている施策である。

とはいえ、市民と観光客の分離のためには、証明書をチェックするための人員を配置する必要があるなど、実施駅や実施日の拡大には、まだまだ課題があると思われる。

導入されるか？　ロードプライシング

鎌倉でもう一つ検討されている交通対策に、市内に流入するマイカーに対し課金することで流入する車の数を抑える「ロードプライシング」がある。古くは一九七五年のシンガポールで都心部の渋滞緩和を目指して、郊外から都心部に入る主に通勤の車両に課金をしたことに始まり、のちにロンドン、北欧のオスロ、ベルゲン（ともにノルウェー）、ストックホルムなどでも実施された。鎌倉がこれらの先行都市と異なっているのは、目的が通勤車両の抑制ではなく、観光目的の車の流入による渋滞の緩和のためという点であろう。

鎌倉市では二〇一三年から導入の検討を始め、実施は土休日、つまり平日の通勤車両ではなく、土休日に鎌倉に流入する主として観光目的の車を課金の対象とした施策を想定している。検討を前に鎌倉市民を対象にしたアンケートでは、実に八割もの人が、当時の鎌倉の交通状況は「深刻」、あるいは「やや深刻」と捉えているというデータがあり、導入検討の根拠の一つとなっている。

市では二〇一九年度から本格的な周知活動を行なっていき、導入につなげたい考えだが、入ってくる車は必ずしも観光目的とは限らない。サービス業が多い鎌倉市では、近隣の自治体に住み車で鎌倉に通勤する人もおり、勤務形態によっては休日の出勤もあろう。

また、観光ではなく日常の買い物先として鎌倉市を訪れる近隣住民も想定される。そうしたところからは反対の声が上がっているし、制度が十分理解されていないこともあってか、市民の中にも導入への懸念を示す声を上げる人もいる状況である。

鎌倉への東京や横浜方面からの公共交通のアクセスは、ほぼＪＲ横須賀《よこすか》線に依存しており、藤沢〜江ノ電というルートもあるが、江ノ電の容量の限界（路線が単線で駅での上り下り列車の交換が必要なため、最大四両編成で現在の一二分おきの運転は、これ以上の増発は不可能）もあって、もう一つの幹線にはなり得ていない。一方、東京や横浜からは有料道路である横浜横須賀道路を使えば時間的には早く到着でき、市内の寺院も微妙に離れて点在しているため、湘南ドライブも兼ねたマイカー利用の観光客が少なくない。日本初の本格的なロードプライシングが導入されるのか、それは観光客と市民の生活の両立に大きな福《ふく》音《いん》となり得るのか、その行方を見守りたい。

年々規制を厳しくするマチュピチュ

二〇世紀初頭に〝発見〟されるまで地元の人を除いてまったくその存在が明らかになっていなかった幻の天空都市。今やペルーを、と言うより南米を代表する観光地となったマチュピチュは、メディアで繰り返し紹介されることもあって、世界中のツーリストにとって憧れの地になっている。日本人にアンケートを取っても、行ってみたい世界遺産ランキングのトップ三あたりに必ず登場するこのインカ文明の遺跡も、観光客の増加の対応に追われ続けている。

マチュピチュへのアクセスは、かなり時間がかかり、まして地球の反対側に位置する日本からは、相当の覚悟が必要な行程となる。まずは、北米の主要都市を経由して、ペルーの首都リマへ飛ぶ。ここまで軽く二〇時間以上かかる。そこで国内線に乗り換え（と言っても大抵の場合、到着が深夜になるので、リマで一泊して翌朝の便になることが多い）、かつてのインカ帝国の都が置かれたクスコまで移動する。フライトの時間は一時間少々と短いが、海岸沿いの町から一気に富士山頂に近い標高まで連れていかれるので、空港に着いた途端、高山病の症状が出る観光客も少なくなく、空港には来訪者用の酸素ボンベが常備されている。

ここでバスに乗り換え、二時間ほど走って「聖なる谷」にある町オリャンタイタンボへ。ここからさらにペルー国鉄の列車に乗り換え、二時間ほどかけてようやくマチュピチュ駅に到着する。駅からはつづら折りの坂を電気バスで二〇分ほど揺られて、やっとのこ

増加する観光客に時間制限を強化する天空の都市、マチュピチュ遺跡（2013年5月）

とで標高二四〇〇メートルの山上に広がる都市遺跡に到着する。

ただし、この遺跡の入口では入場券は売っていない。麓のマチュピチュ村のチケット売り場で手に入れるか、最近ではインターネットであらかじめ予約しておくしかない（もちろん、団体ツアーであれば、旅行会社が手配してくれるので、個人で手間をかける必要はない）。というのも、遺跡保護のために一日の入場者数を制限しており、チケットの販売枚数を管理しているためである。私がマチュピチュに足を運んだのは、二〇一三年のことであったが、このときはいったんチケットを購入すれば、丸一日遺跡に滞在することができた。実際、私自身午前一〇時に遺跡に到着し、遺跡に隣接したレストランでの昼食を挟んで、五時間ほどをマチュピチュの遺跡内で過ごした。

しかし、今ではこうした滞在は不可能となっている。というのも二〇一七年七月から、チケットは午前・午後の二部制になり、最大四時間しか遺跡に滞在できなくなったし、さらに二〇一九年一月からは、六時〜一〇時、七時〜一一時など、一時間刻みで入場するように改められ、やはり四時間しか滞在できないようになったのである。観光客の滞留は遺跡にとって大きな負荷となる。一方でマチュピチュへの観光客は、本書で繰り返し述べているように経済発展やＬＣＣの伸長などで増加しており、滞在時間を制限しないと入場できる人間が溢れてしまうという背景がある。

マチュピチュは写真で見るよりも実際にはかなり広大であるし、見どころも多い。また、とりわけ日本人にすれば、せっかく時間と費用をかけて訪れたのだから、少しでも長く滞在したいという希望がある。しかし、個々の観光客が思う存分滞在していては、一日に入場できる観光客を増やすことができない。今まではある意味ではおおらかだったと言えるが、近年は厳しい時間の管理下での見学を余儀なくされるようになった。

キャパシティを超える観光客の増加は、当然ながら観光客自身の観光のあり方や楽しみ方にも影響を与えているのである。

「観光よりも遺産保護」の動きはヨーロッパでも――①フランス

観光地にとって観光客は「神様」だ。できるだけ観光地の近くに公共交通機関の乗降場を造り、駐車場もできるだけ目的地に近いところに用意する。そんな当たり前の風潮に対し、あえて不便を強《し》いても、観光地、それが特に文化的な価値の高い遺跡や施設であれば、観光客の利便性よりも遺跡の保護や景観の保全を優先する。そんな施策がここ数年、世界各地で見られるようになった。

そのシンボリックな施策の一つが、世界的に著名なフランスの世界遺産、「モンサンミシェル」の堤防の撤去であろう。大西洋に面した河口の砂州《さす》につながった陸繋島《りくけいとう》に造られた中世の修道院で、「西洋の驚異」と称されるカトリックの聖地でもあるモンサンミシェルは、フランス革命以降は修道院としての使命を終え、一時は打ち捨てられていた時期もあった。しかし一九世紀以降は観光地化が進み、一九世紀中葉には砂州の上に島に通ずる道路を通す堤防が築かれた。一九世紀末には堤防上に鉄道まで敷かれ（現在は撤去）、観光客は修道院の入口まで直接交通機関で訪れることができたのである。

堤防を撤去し、一般車は通れない木製の橋でのアプローチとなったモンサンミシェル（2017年2月）

　ところが、この堤防によって修道院周辺の水流が滞《とどこお》り、砂が溜《た》まってしまい、海に浮かぶ修道院というモンサンミシェルを特徴づける奇観が保てなくなる心配が出てきた。しかし堤防は、本土と島を結ぶ観光に（そして島の住人や島のホテルやレストランで働く従業員にとっても）なくてはならぬ基幹インフラである。長い議論の末、フランス政府と地元は、国家プロジェクトとして三〇〇億円あまりをかけて堤防を撤去し、海流の邪魔にならない木製の橋を架けることを決断、大工事の末、二〇一四年七月に水流と景観を妨げない橋が架かる現在の姿になった。

　私がモンサンミシェルを訪れたのは、二〇一七年の二月。観光客は修道院の手前の本土側、いくつかのホテルが並ぶエリアの駐車場脇でバスやマイカーを降り、無料のシャトルバスで橋を渡って修道院に到着する。以前と比べて確かに不便になったが、時間を気にしながらの急ぐ旅ではなく、むしろ世界でも稀《まれ》な奇景に出会える期待を膨《ふく》らませるには、シャトルバスに乗り換えるという行為は、むしろその期待を高める役目を果たす。

ただし、景観に配慮して海面に近いところに橋を架けたため、潮位が高い時には橋は水面に浸《つ》かり、その間観光客はもちろん、島の住民や通勤者も足止めされてしまうという課題も引き起こされている。観光客だけでなく、地域住民にも一定の我慢を強いてまで守りたかったモンサンミシェルの普遍的価値の重みと、その重要性を理解したフランス政府と地域の自治体や住民の決断。「観光より優先するものがある」とわかれば毅然《きぜん》と対応するフランスの、文化や景観への敬意を重んじる奥深さと柔軟性を感じる旅であった。

「観光よりも遺産保護」の動きはヨーロッパでも——②イギリス

モンサンミシェルの橋は、環境保全を優先して、著名な観光地へのアクセスをあえて不便にしたケースだが、イギリスでも著名な世界遺産へのアクセスが景観を守るために後退した例がある。

ロンドンの西一二〇キロ、紀元前二五〇〇年から二〇〇〇年ごろにかけて造られたとされる先史時代を代表する巨石遺跡、ストーンヘンジ。一九八六年に世界遺産に登録されたこの遺跡は、中心部を政府機関の一つである「イングリッシュ・ヘリテージ（English Heritage）」が、周囲を民間の自然保護や文化遺産の保全を目的とした組織「ナショナル・トラスト（National Trust）」が保護・管理を行なっている。二〇一二年に初めて訪問した際には、遺跡のすぐ横に駐車場とチケット売り場があり、車を降りて一分ほどで、写真やテレビ番組などで見慣れたあの石組みが目に飛び込んできた。

しかし、遺跡の周辺をできるだけ建造された当時の姿に戻す、つまり人工の構築物が見えないようにするために、西に四キロほど離れた場所に新たに周囲の景観に調和した低層のビジターセンターを造り、そこをバスやマイカーとシャトルバスの結節点とした。二〇一三年一二月のことである。見学客はビジターセンターの映像や展示で遺産の概要の知識を得てから、遺跡に向かうよう動線を改めた。その結果、ストーンヘンジからは、南を走る国道以外、建造物は一切見えなくなった。

もちろん、モンサンミシェルもストーンヘンジも、ともに世界的に著名な観光地で、日本からの観光ツアーでもパリやロンドン周辺をめぐるコースには欠かせない訪問地であ

ストーンヘンジの見学客は左のシャトルバスに乗り換える(2017年7月)

る。モンサンミシェルには年間二五〇万人あまりが、ストーンヘンジにも年間一六〇万人ほどが訪れる。このヴォリュームは直接遺跡そのものに負荷をかけたり住民と摩擦を起こしたりするものではないが、観光客に多少のアクセスの不便を強いても中長期的に景観や環境を守ることが資産の価値を高め、持続可能な観光に資するという観点から、多額の費用をかけて堤防の撤去やビジターセンターの移設が行なわれた。「観光客の利便性を高める」ことが必ずしも最優先ではないということを示したこの二つの例は、オーバーツーリズムの問題を考えるうえでも、貴重な示唆《しさ》を与えてくれている。

世界遺産と引き換えに立ち入り禁止に

ハワイ諸島には、一般にはほとんど知られていないが、先述の「ハワイ火山国立公園」のほかに、もう一件世界遺産がある。二〇一〇年に文化遺産と自然遺産の要素を合わせた複合遺産として登録された「パパハナウモクアケア」[注16]である。世界最大の海洋保護区で、多くのサンゴ礁がハワイ諸島で一番北西にある有人島であるカウアイ島のさらに北西方向に連なっている。ただし、世界遺産とはいえ、一般の観光客は一切立ち入りが許されていない。

このエリアに日本人にも名前をよく知られた環礁《かんしょう》がある。一九四二年六月、第二次大戦で日米両軍がこの環礁をめぐって覇権を争った「ミッドウェー環礁」である。戦後もミッドウェーには米軍基地が置かれ続け、冷戦終結後の一九九六年に基地が閉鎖されたのちも、クロアシアホウドリの世界最大の繁殖地となっていたことなどから、エコツーリズムのツアーの目的地となったり、野生生物の保護のためのボランティアを受け入れるなど、

注16　ハワイ諸島とその先住民は、母なる大地の神「パパハーナウモク」と父なる天空の神「ワーケア」が合体して創世されたとする神話があり、そこから名付けられた。

一定の入島が認められていた。

しかし、世界遺産登録後の二〇一二年以降、ミッドウェーは完全に閉鎖され、周辺の海洋保護区全体が一切の立ち入りを認められていない。微妙なバランスの上に成り立っている繊細な自然を人間の都合で脅かしてはならないという思想を見事に施策として貫いたのである。幸い、このエリアには住民もおらず、観光客を受け入れなければ生活が成り立たない地元住民がいるわけでもないので、こうした施策が可能になったのである。

よく似たケースが、二〇一七年に世界遺産に登録された「神宿る島：宗像《むなかた》・沖ノ島と関連遺産群」（福岡県）でも見られる。沖ノ島は、九州本土から五〇キロ離れた日本海に浮かぶ絶海の孤島で、島全体が宗像大社の聖域とされ、交替で詰める神職以外は無人の島となっている。世界遺産登録前は、五月二七日の大祭の日に限り、事前に申し込みのあった人のうち抽選で選ばれた二〇〇人あまりが上陸を許されていたが、世界遺産に登録された翌年の二〇一八年からは、神域を守るために年に一度の上陸も取りやめになった。

ミッドウェー環礁も沖ノ島も、もし観光を優先に考えれば、入島者の数は制限するものの定期的に継続して観光客を迎え入れるという選択肢もあったかもしれない。どちらも一般の生活者はいないため、住民との摩擦や対立といった心配はなかったろうが、それでも世界遺産による観光振興を目論《もくろ》む自治体などが多い中、両地域はせっかく勝ち得た称号を観光には利用せず、むしろ観光客を遠ざけることで、その価値を守ろうと決断した。

「オーバーツーリズム」の可能性を徹底的に排除した両地域のエピソードは、レアなケースであるとはいえ、世界遺産と観光を結びつけがちな我が国の風潮に対し、次世代に地球の宝物を残すという世界遺産の原点に沿った決断で見事に抗《あらが》ったと言えそうだ。

アムステルダムは観光客の抑制に舵《かじ》を切った

観光関係者の間で、観光客の誘致からオーバーツーリズムへの抑制へと大きく舵を切ったことで知られるのが、オランダ最大の都市アムステルダムである。フランスとドイツ、二つの大国の中間に位置し、地理的に欧州の中心とも言える場所に、レンブラントなどの名作で名高い国立美術館やゴッホ美術館などの文化施設と、世界中の男性を惹《ひ》きつける「飾り窓」、硬軟交えた見どころが、狭い地域に寄り集まる観光都市である。近年、欧州最大級の空港であるアムステルダム・スキポール国際空港の拡張、高速鉄道タリスのパリ、ブリュッセルからの乗り入れ、クルーズ船の寄港の激増、中心部の運河地帯の世界遺産登録（二〇一〇年「アムステルダムのシンゲル運河の内側にある一七世紀の環状運河地域」の名称で登録）などにより、二〇〇八年に四五〇万人程度だった観光客は、二〇一六年には七〇〇万人を超えている。

ここでもご多分に漏《も》れず、民泊をする観光客らの騒音やゴミが住民の不満を高め、市当局は二〇一五年以降様々な対策を打ち出している。民泊は中心地区では禁止とし、それ以外の地区でも年間の営業日数の上限を三〇日、あるいは六〇日に定めたほか、バーカウンターが付いていてビールを飲みながら客が町を回れる自転車「ビール・バイク」も禁止、市内のホテルの新規建設や中心部の観光客向けの店舗の新規開業も原則禁止とした。合法的に大麻を販売することで外国人に人気のあったカフェの閉鎖や、運河クルーズの飲酒の規制などの施策は、「酒とドラッグとセックス」を求めてやってくる観光客の「質」を、ゴッホやアンネ・フランクなど[注17]、文化を求めてやってくる上質の客へと変えたいという思いが強くにじみ出たものである。

しかし、こうした強い規制を行なっているにもかかわらず、二〇一七年の観光客は八二六万人、一八年には九〇〇万人に及ぼうとしており、さらに増え続けている状況である。ホテルが満杯でも、アムステルダムから鉄道で一時間以内で、デン・ハーグ、ユトレヒト、ロッテルダムなどオランダの主要都市にアクセスできるため、アムステルダムにしかない魅力的な観光スポットがある以上、周辺の町に泊まってこの町を訪れる観光客は減らないだろう。オーバーツーリズム対策がすぐに効果を発揮するということにはなかなかならないところが、この問題の一筋縄ではいかない厄介《やっかい》な問題である。

東南アジアではビーチの閉鎖が相次ぐ

二〇一八年四月、フィリピン政府は観光公害への対処として、世界中が驚く施策の実施に踏み切った。世界でも有数のビーチリゾートとして知られるフィリピンのボラカイ島のビーチが観光客の急増で水質の悪化に悩まされていたため、観光客の立ち入りを半年間の期限付きではあるが一切禁止したのである。一九九〇年ごろから急速にビーチリゾートとして知名度を上げたこの島の産業は、年間二〇〇万人の観光客を対象にした観光産業に特化しており、五〇〇もの観光事業者が生計を立てている。しかし、このままでは世界中か

注17　ユダヤ系ドイツ人の少女。アムステルダムに亡命中に書かれた『アンネの日記』の作者として知られる。彼女が匿《かくま》われた家は「アンネ・フランクの家」として一般公開されている。また、『アンネの日記』は、二〇〇九年に「世界の記憶」（世界記憶遺産）に登録された。

ら観光客を呼び寄せる白砂のビーチが失われるとして、ドゥテルテ政権は閉鎖に踏み切ったのだ。

この半年間で、老朽化していた下水処理施設を刷新、八月には衛生面のお墨付きが出たことから、同年一〇月には一部を解禁し、徐々に観光客の受け入れを復活すると報じられている。ただし、内燃エンジンを使う船舶の使用の制限、使い捨てプラスチックの禁止、ビーチにおけるデッキチェアやテーブルの設置、マッサージなどのサービス提供、軽食や飲料の販売も禁止するなど、かなり厳しい制限が新たに課された。それでも、完全な再生には最大で二年かかると見込まれている。

ボラカイ島のビーチの遊泳禁止が一部解禁されたのと同じ二〇一八年一〇月、今度はタイ・ピピレイ島のビーチが、無期限で閉鎖されることになった。二〇〇〇年に公開されたアメリカ映画『ザ・ビーチ』（レオナルド・ディカプリオ主演）の舞台として、一躍脚光を浴びた観光地である。すでに同年六月から、サンゴ礁の再生などを目的に観光客の立ち入りを禁止していたが、それが無期限となることが発表されたのである。

アンダマン海に浮かぶピピレイ島は、タイ一のビーチリゾートであるプーケット島からスピードボートで一時間から一時間半ほどのところにある無人島で、映画の公開以降観光客が激増、狭い湾に毎日四～五〇〇〇人もの観光客がスピードボートで訪れるため、群生するサンゴが船のスクリューで傷《いた》めつけられたり、玄関となる島での乱開発が問題になるなど、まさに観光公害を地で行く観光地となっていた。当然、観光で生計を立てる地元の業者からは、閉鎖解禁の延期に強い反対が起きているが、タイ政府は環境の保全を優先させる決断を下している。

こうした東南アジアの動きは、今後世界中の多くの観光地に大きな影響を及ぼすと考えられる。

第六章

誰のための「観光」か

——「日本版ＤＭＯ」に身を置いて

「観光の原点」を考える

これまで、世界や日本各地で観光客が大勢訪れることによる様々な影響を見てきた。これだけ実例を次々に挙げていくと、「観光」という行為そのものが悪いようにも思えてしまうが、もちろん本書の趣旨はそういったことではない。

私たちには根源的に、あるいは本能的に、まだ見ぬ地への憧れがある。

アフリカ・エチオピアのアワッシュ川流域[注18]で誕生したと考えられている私たち人類の祖先は、そこに永遠にとどまることはなく、ある者はヨーロッパ大陸へ、ある者はアジア大陸へと壮大な旅を続けた。決して楽な道のりではなかっただろう。陸路にも砂漠や山脈などの障害が待ち構えていたであろうし、危険な動物にも遭遇したであろう。さらに勇気と好奇心に溢れたグループは、ユーラシア大陸からベーリング海峡を渡ってアメリカ大陸に足を踏み入れ、最終的には南米大陸の最南端まで進出した。もちろん、彼らの大移動は「観光」ではない。「冒険」であり、あるいは生きるための「決死行」であったかもしれない。

それからの人類の歴史の中で、「旅」を生業《なりわい》とする人々も多数登場した。シルクロードで東西の文物をラクダに乗せて運んだペルシャや古代中国の商人たち、インド洋を自在に渡ったアラビア商人たち。彼らも「観光客」ではないが、その往来の間に多くの文物《ぶんぶつ》を見聞きし、彼らの話によって、遠方への移動とは無縁の人々にも、はるか遠くに自分たちとは違った文明や文化を享受する王国や地域があることが伝わるようになった。こうした国や大陸を超えた人やモノの交流は、新たな文化や文明を生み出し、地球上の人間の営みは多様になっていった。

こうした生きるために必然性を備えた移動＝「旅」の時代から、私たちは楽しみとして、気分転換として、またあるときは好奇心を満たすために、生活を犠牲にしない範囲で遠方へ出かける楽しみを獲得した。これが「観光」の始まりであり、日本では戦国の混乱に終止符が打たれた江戸時代になって、一般の庶民にまで湯治《とうじ》や参詣《さんけい》の旅が次第に広まっていく。

湯治にしても、参詣にしても、その「観光」の先には、現地の人々の生活がある。途中立ち寄る茶屋や宿場にも当然そこに暮らす人々がいるし、温泉地には温泉を管理し湯治客

注18　一九七四年、アワッシュ川下流域で、のちにルーシーと名付けられる猿人（アファール猿人）の化石人骨が発見された。一九八〇年、この下流域はユネスコの世界遺産に登録された。

を迎える人々が、参詣地には寺社を守る僧侶や神官が、そしてそのまわりにも地元で暮らす大勢の人がいて、それらの生活なしには旅は成り立たない。「観光」は、ある意味では道中や目的地の人々の支えによって成り立っている行為であり、それは言葉や習慣が異なる人々の懐《ふところ》に必然的に飛び込む行為であるとも言える。目的地にその土地のゆかりとは関係なく作られたテーマパーク、例えば千葉県浦安《うらやす》市にある東京ディズニーリゾートや大阪市にあるユニバーサル・スタジオ・ジャパンなどへの観光は、パーク内では地域の人々の暮らしには触れないかもしれないが、一歩外に出れば、東京メトロ東西線などを利用する通勤通学客に出会うだろうし、名物のたこ焼きを食べて、「大阪の味」を堪能《たんのう》する可能性は小さくない。

観光は、出かけた先の人々や風土に程度の差はあれ、必ず触れるものである。主体的に出かけ異なった人や文化に触れる行為を「観光」と位置づけてもよいのかもしれない。

「DMO」に託される希望

私は現在、大学の教員のほかに、NPOで様々な事業の企画・立案・実践を行なう役割を担っている。このNPOは、地域の過去から現在までの歴史の価値を住民に広く知ってもらい、そうした地域の資源を掘り起こして自治体の枠を超えて結びつけ観光振興につなげようという組織で、二〇一八年に観光庁より「日本版ＤＭＯ」の認定を受けている。「ＤＭＯ」とは今、観光業界ではたいそうもてはやされている言葉である。「Destination Management/ Marketing Organization」の頭文字をとったものだ。日本語では、普通「着地型観光組織」と訳すが、この言葉の説明はこれまで私も繰り返し行なっているものの、かなり厄介である。

この制度の旗振り役をした観光庁は、「地域の『稼ぐ力』を引き出すとともに地域への誇りと愛着を醸成する『観光地経営』の視点に立った観光地域づくりの舵取り役として、多様な関係者と協同しながら、明確なコンセプトに基づいた観光地域づくりを実現するための戦略を策定するとともに、戦略を着実に実施するための調整機能を備えた法人」と長いフレーズで定義しているが、これも一般の人にはわかりにくいだろう。

私自身はこんな説明を心がけている。

これまでの観光業界は、例えば東京なら東京周辺の人たちを一堂に集めて、北海道などの旅の目的地に送り出し、そこで東京の人たちが喜びそうな観光施設や味を楽しんでもらうといった「送客側」の論理で観光事業を組み立てていた。しかし、それはあくまで出発側、この場合では東京側の視点であり、受け入れる側にとって必ずしも望ましい観光のあり方になっていない。お客様を受け入れる側、つまり「着地」側が、そこに住まう住民として誇りに思えるもの、訪問してくれた観光客に見てもらいたいもの、感じてもらいたいものを発掘し、しかも経済的に地域が自立できるような形でそれらを提供し、場合によっては地域づくりに役立ててもらえるような、そんな新しい観光のあり方を提言し実践していくことがDMOのミッションである、と。

DMOは、欧米ではすでに五〇年近い歴史を有しており、スイスのヨーロッパアルプスやアメリカの国立公園などで、「地域経営」という視点から実践されてきた。今回、あえて「日本版」と付けられているのは、地域の様々なステークホルダーとの合意形成やビッグデータの分析・活用など科学的な手法を駆使して、「稼ぐ」ことも念頭に入れながら、観光によって「地方創生」を実現しようという、今の日本政府の目指す方向に合致させることが大きな目標になっているからである。

地域にとって「来てもらいたい」観光客

二〇一九年三月現在、複数の都道府県（北海道と沖縄のみ地理的理由から単独）単位で活動する「広域連携ＤＭＯ」が一〇件、単一の都道府県で構成されるか、あるいは複数の市町村にまたがる「地域連携ＤＭＯ」が六三件、市町村単独で活動する「地域ＤＭＯ」が五〇件、合わせて一二三件がＤＭＯとして登録されており、私が属するＮＰＯは、群馬県と埼玉県の七市町にまたがる地域連携ＤＭＯとして登録されている。

　実は、この登録までには紆余《うよ》曲折《きょくせつ》があった。まず、ＮＰＯ内でＤＭＯを目指すべきかどうかについて、そのメリット、デメリットを比較考量しながらの議論が続いた。ＮＰＯの財源は、個人や企業からの出資や寄付、自治体の財政的支援、国の補助金の活用など様々である。もちろん「稼ぐ」ことができて、どこからも支援を仰がない自立した形が望ましいことは言うまでもないが、その実現には相当の困難が伴う。

　それでも、新しい姿に踏み込むべきだとの判断から、ＤＭＯの申請を目指したのだが、実際に申請してみると、観光庁はそれまではどんどん申請してくださいとウエルカムの姿勢だったのに、ＤＭＯとしての目標（地域における今後の宿泊者数の増加見込み、といったような重要業績評価指標、いわゆるＫＰＩ）に細かく注文が出るなど、従来の地域の観光協会の延長線上にしか考えていないような観光庁側の「数ありき」の価値観による対応に、当ＮＰＯの担当者も頭を抱えることが多かった。それでも苦労の末、ようやく正式にＤＭ

Oの申請が受理され、理念通り、地域の様々な立場の方との調整を図りながら、「着地型」の多様な観光プランを企画し、実行に移そうとしている。

ここで重要なのは、観光客の単純な「数」を増やすことではなく、どんな人に来てもらいたいかを考え、ターゲットとなる人に来てもらえる施策を練《ね》ることである。また、DMOの運営者の一人として常に頭にあるのは、「観光客も大事だが、その前に地域住民の暮らしがあることを第一に考える」ということである。

地域に来てくれた観光客にできるだけ地元の人が接する機会を作る、食事やくつろぎの空間を提供する際に、暮らしの一端を垣間見てもらう。そして見てもらいたい観光資源、とりわけ私がかかわるNPOでは産業遺産が主要な観光資源であるため、それが今も緩《ゆる》やかな形でこの地域の暮らしに受け継がれていることを感じてもらう。そんなプログラムを用意して、地域の歴史に精通する地元のDMOだからこそできる受け入れ態勢を目指している。

もちろん、DMOさえ作ればオーバーツーリズムは解消される、というほど物事は単純ではない。京都市では、以前から活発な活動を展開していた京都市観光協会がDMO法人に移行して、そのまま多彩な業務を行なっている。観光協会では、京都の観光産業の現状と課題として、「違法民泊、マナー悪化の問題」と「観光地におけるオーバーツーリズム問題」を挙げ、この解決にも力を注《そそ》ごうとしている。観光がもたらす課題について真剣に向き合えるのは、やはり「着地」優先に考えられるからであろう。

終わりのない「観光公害」との闘い

この原稿を執筆している間にも、テレビ番組で、インターネットのニュースで、新聞や雑誌の記事で、オーバーツーリズムや観光公害という文字を見ない日はないほど、様々な場面でこの現象は取り上げられており、本書の刊行も若干遅きに失した面もないわけではない。

二〇一九年三月に、大手旅行会社の近畿日本ツーリストの主催で、全国の中学高校生に京都に来てもらい、観光についてのフィールドワークをするプログラムの学生発表を見る機会を得たのだが、そこでもオーバーツーリズムというキーワードが出てきていた。今や京都の観光について言及する際に、オーバーツーリズムや観光公害という視点を避けては通れないことをあらためて実感した。

本書の執筆は、私が二〇一八年四月から初めて京都に居を構え、京都市民として日常の暮らしを営み始めたことがきっかけの一つである。しかし、そこで初めて観光と住民の折り合いについて考え始めたわけではなく、もう二〇年以上も世界遺産登録後の地域のありようを観察・調査してきたことを考えると、「オーバーツーリズム」の核心部分をずっとウォッチしていたことになるのかもしれない。

政府は、経済活性化の切り札として、今後も訪日外国人数の目標を上方修正しながら、より高い数字を追い続けることだろう。「量」より「質」という言葉もよく聞かれるが、それも結局は、アジア人より欧米人のほうが一人当たりの観光消費額が高いので、よりお金を使ってくれてより長く日本に滞在してくれる観光客を上客として誘致を進めていこうとしているようで、訪問客数の代わりに観光消費金額という、より生々しい数字の目標を掲げたにすぎないようにも見える。つまり、本当の「質（＝クオリティ）」ではなく、経済的な、あるいは効率的な「総額（＝アマウント）」を求めているにすぎないのかもしれない。

もちろん、人口の減少と高齢化が見込まれ、縮小のサイクルに突入せんとしている我が国にとって、わざわざ外国から日本にやって来て、納豆《なっとう》やら刺身やらつけ麺やらを美味《おい》しいと言って食べてくださり、包丁やら漆塗《うるしぬ》りの椀《わん》や箸やらをハイクオリティだと言って買ってくださる方々の潤沢《じゅんたく》な「財布」は、一人の日本人として率直にありがたいと思えるのも確かである。

DMOが雨後の筍《たけのこ》のように乱立しているのも、観光で「稼ぐ力」が必要だとおだてられ、地域への来訪者になるべくお金を域内で使わせて、その上前《うわまえ》で「自立」した組織を作ろうという目論見が、とりわけほかに収入の当てがない地方では受け入れられやすいからであろう。しかし、観光客を経済的な物差しだけで測ろうとし続ければ、それが単純な人数であろうが、ありがたい消費金額であろうが、「観光客」vs.「地域」という構図の根本は変えられないだろう。

「交流人口」を重視する時代へ

近年、地域と人とのかかわりを「定住人口」（そこに住む人、いわば「住民」）でもなく、「観光人口」（そこへたまたま出かけてそれきり縁が切れてしまう人）でもなく、「交流人口」という概念で将来に希望を見出そうとする考え方があちこちで見られるようになった。

仕事や観光で訪れた土地を気に入って、その土地にたびたび出かけるようになる、あるいは出かけてはいかなくても、その土地ならではの物品を通信販売で定期購入して地域とのつながりを保ち続ける。場合によっては拠点を構えてその土地で一時的に生活をしてみる。このように離れた地域と緩やかにかかわっていく人たちを、その地域から見て「交流人口」と位置づけようという動きである。

高額な返礼品が何かと問題になっている「ふるさと納税[注19]」も、本来は自分で選んだ任意の自治体を応援できるよう始まった制度で、これも個人と地域の緩やかな「交流」につながるべきものであろう。

「オーバーツーリズム」、あるいは「観光公害」は、もっぱら観光客の来訪が定住者の生活の迷惑になる、あるいは他の来訪者から疎《うと》んじられるというある種の二項対立で語られてきたと考えてよいが、そこに「交流人口」という視点を入れると、その対立を解きほぐす可能性が生まれてくるように思う。

時間も費用も限られる中、「観光」という行為は、一度も訪れたことがない名所旧跡などの観光地を訪ね、その後は二度と訪れることがない一期一会《いちごいちえ》の側面が強い。だが、一方で一度訪れた場所には愛着が湧き、例えば行ったことがある場所がテレビなどで放映されると親近感が醸成されるということは誰でも経験することであろう。

観光客は、訪れた場所にある種の好意や敬意を抱き、訪問するに際してもできるだけ現地の人と交流したり、そこまで行かなくても最低限地元住民に迷惑をかけないという意識を持つ。受け入れる側も、まさにＤＭＯの組織の一員として私たちが心がけているように、二度と来ない観光客として接するのではなく、また来てもらえる可能性のある「交流人口予備軍」として遇する。こうした関係性を高めることで、従来の「一見《いちげん》の観光」は、将来の交流へとつながっていく可能性が生まれる。

もちろん、これはある意味では「綺麗《きれい》ごと」にすぎないと言われてしまえばそれまでである。観光客のすべてが訪問先にシンパシーを感じるということはあり得ないし、地元側が観光客をすべて大歓迎するなんてことも考えられない。しかしそれでも、民泊を法律で一律に規制したり、ヴェネツィアのようにある地域から観光客を締め出すような決まりやルールだけで解決できることでもないだろう。

私は「観光学」の講義の最初によく、「観光という行動は動物も行なうでしょうか？　それとも人間だけが行なえる営為《えいい》でしょうか？」という問いを学生たちに投げかける。何

注19　任意の自治体に寄付をして、その寄付金額を現に居住する地方自治体へ申告することにより寄付分が控除できる制度。二〇〇八年から始まった。

千キロも群れで大陸間を飛翔する渡り鳥や、日本の河川とオホーツク海を回遊する鮭《さけ》など、ある種の「旅」をする動物は少なくないが、これらの移動を「観光」と言えるかどうかは、まさに「観光」の定義にかかわるかなり本義的な問いかけである。

観光が「移動距離の多寡《たか》」ではなく、異なった文化や自然に触れることで感動できる、私たち人間だけが獲得した高度な営為《えいい》だとすれば、観光で生じる問題は、その感性の一部でいいから、訪問先で生活する人々に思いを馳《は》せることから解きほぐしていくしかないのではないか。高度成長期に人々を苦しめた「公害」のほとんどを、叡智《えいち》によって克服した私たちは、ふたたび人間としての新たな二一世紀の〝英邁《えいまい》〟を試されているのだと感じている。

終わりに

本書は、サラリーパーソンの合間に「観光」を趣味で楽しんでいた筆者が、観光関連のNPOの役員や観光学を教える教員となり、あらためて観光のありようを、「オーバーツーリズム」という現象を通して考えてみようと、筆を執《と》ったものである。

ありがたいことに、大学の教員には「研究費」というものがあり、もちろん大学はどこも財政状況が厳しいため、好きなだけ潤沢に使えるわけではないが、必要と判断された研究には一定の経費が認められる。これまでほぼすべての国内外の「観光」調査を自費で賄《まかな》ってきた私にとって、いくつかの海外での調査の一部に研究費を充《あ》てることができたのは大きな喜びであるとともに、それに伴う責任の重さも痛感する。

平成から令和へと時代が移り、ますます「観光」のウエイトが増しそうな現代の日本で、観光と地域の関係が否定的に捉《とら》えられないようにするためには、観光公害やオーバーツーリズムの問題を整理しておかなければ新しい時代に入れないのではないか——そんな思いが執筆を後押しした。
一度は住んでみたいと思っていた京都市に偶然仕事を得、住むことが叶《かな》うようになり、そこで日々様々な「観光の現場」に遭遇できたことも、観光のあるべき姿を考える機会となった。桂離宮《かつらりきゅう》や東寺《とうじ》など京都を代表する、いくつかの観光地へわずか一〇分程度で行けてしまうという環境のために、住まいを移して一年経った今でも、時間さえあればすぐに市内に足を向けてしまうほどの高揚感を維持できているのも、京都という土地柄が持つある種のマジックであろう。その京都をオーバーツーリズムの町として後ろ向きなイメージが植え付けられないようにするために私ができることは何か。その第一歩が本書をまとめることであったと感じている。

本書の執筆には、実に大勢の方々のヒアリングやデータの提供などの協力があったこと、また大学で私の活動や研究に理解をしていただき、様々な協力をいただいた教職員や学生たちの力添えがあったことに深い感謝を捧げ、筆を擱《お》きたい。

〈主要参考文献一覧〉

José M.Faraldo/Carolina Rodriguez-López『Introducción a la Historia del Turismo』（Alianza Editorial）二〇一三年
Salvatore Settis『If Venice Dies』（New Vessel Press）二〇一六年
青柳周一『富嶽旅百景　観光地域史の試み』（角川叢書）二〇〇二年
杉野圀明『観光京都研究叙説』（文理閣）二〇〇七年
高崎経済大学地域科学研究所編『日本蚕糸業の衰退と文化伝承』（日本経済評論社）二〇一八年
観光庁編『平成三〇年版　観光白書』（日経印刷）二〇一八年
上毛新聞社『ＴＯＭＩＯＫＡ世界遺産会議ＢＯＯＫＬＥＴ 10　破壊される世界遺産―現状と課題』（河野俊行）二〇一九年

切りとり線

★読者のみなさまにお願い

この本をお読みになって、どんな感想をお持ちでしょうか。祥伝社のホームページから書評をお送りいただけたら、ありがたく存じます。今後の企画の参考にさせていただきます。また、次ページの原稿用紙を切り取り、左記まで郵送していただいても結構です。

お寄せいただいた書評は、ご了解のうえ新聞・雑誌などを通じて紹介させていただくこともあります。採用の場合は、特製図書カードを差しあげます。

なお、ご記入いただいたお名前、ご住所、ご連絡先等は、書評紹介の事前了解、謝礼のお届け以外の目的で利用することはありません。また、それらの情報を6カ月を超えて保管することもありません。

〒101—8701（お手紙は郵便番号だけで届きます）
祥伝社新書編集部
電話03（3265）2310
祥伝社ホームページ　http://www.shodensha.co.jp/bookreview/

★本書の購買動機（新聞名か雑誌名、あるいは○をつけてください）

＿＿＿＿新聞の広告を見て	＿＿＿＿誌の広告を見て	＿＿＿＿新聞の書評を見て	＿＿＿＿誌の書評を見て	書店で見かけて	知人のすすめで

★100字書評……観光公害

名前

住所

年齢

職業

佐滝剛弘　さたき・よしひろ

1960年、愛知県生まれ。東京大学教養学部卒。NHKディレクター、高崎経済大学特命教授を経て現在、京都光華女子大学キャリア形成学部教授。NPO産業観光学習館専務理事。世界遺産、産業遺産、近代建築、交通、観光、郵便制度などの取材・調査を続ける。著書に『旅する前の「世界遺産」』（文春新書）、『郵便局を訪ねて1万局』（光文社新書）、『日本のシルクロード』『観光地「お宝遺産」散歩』『高速道路ファン手帳』（以上中公新書ラクレ）など。祥伝社新書から『「世界遺産」の真実』『それでも、自転車に乗りますか？』を上梓。

観光公害《かんこうこうがい》

インバウンド4000万人時代《まんにんじだい》**の副作用**《ふくさよう》

佐滝剛弘《さたきよしひろ》

2019年7月10日　初版第1刷発行

発行者……………辻 浩明

発行所……………祥伝社しょうでんしゃ

〒101-8701　東京都千代田区神田神保町3-3

電話　03(3265)2081(販売部)

電話　03(3265)2310(編集部)

電話　03(3265)3622(業務部)

ホームページ　http://www.shodensha.co.jp/

装丁者……………盛川和洋

印刷所……………萩原印刷

製本所……………ナショナル製本

造本には十分注意しておりますが、万一、落丁、乱丁などの不良品がありましたら、「業務部」あてにお送りください。送料小社負担にてお取り替えいたします。ただし、古書店で購入されたものについてはお取り替え出来ません。

Printed in Japan　ISBN978-4-396-11574-6　C0230

〈祥伝社新書〉
経済を知る

111
超訳『資本論』
貧困も、バブルも、恐慌も——マルクスは『資本論』の中に書いていた！
神奈川大学教授
的《まと》場《ば》昭《あき》弘《ひろ》

343
なぜ、バブルは繰《く》り返されるか？
バブル形成と崩壊のメカニズムを経済予測の専門家がわかりやすく解説
久留米大学教授
塚崎公義

498
総合商社
その「強さ」と、日本企業の「次」を探る
なぜ日本にだけ存在し、生き残ることができたのか。最強のビジネスモデルを解説
専修大学教授
田中隆之

478
新富裕層の研究
日本経済を変える新たな仕組み
新富裕層はどのようにして生まれ、富《とみ》のルールはどう変わったのか
経済評論家
加《か》谷《や》珪《けい》一《いち》

503
仮想通貨で銀行が消える日
送金手数料が不要になる？　通貨政策が効《き》かない？　社会の仕組みが激変する！
信州大学教授
真《ま》壁《かべ》昭夫